江 西 文 化 符 号 丛 书

编委会

江西文化符号丛书

道教文化

DAOJIAO
WENHUA

曹国庆 / 著

江西人民出版社
江西美术出版社

江西·南昌

出版前言

江西"物华天宝""人杰地灵""雄州雾列，俊采星驰"，是人文渊薮之地，文章节义之邦。

在历史的眷顾中，文明与智慧在这片古老而富饶的土地上激荡、交融、沉淀、升华，孕育了兼容并蓄、海纳百川、多元特质的江西文化，涌现出辉映史册的杰出人物，积淀了弥足珍贵的人文资源。在整个中华民族的文明史上，江西文化浓墨重彩、影响深远。宋明时期，全盛的江西文化更是成为中华民族文化的结晶和代表。新民主主义革命时期，江西是全国苏维埃运动的中心区域，成为中国革命胜利前进的伟大基地，红色文化璀璨辉煌。这些具有独特魅力的江西文化散发出馥郁的芬芳，蕴含着温润的力量，氤氲在历史的光阴中，汇聚在时代的大潮中，滋润着广袤的赣鄱大地，滋养着广大的江西儿女。

"文化是一个国家、一个民族的灵魂。"为了深入贯彻习近平新时代中国特色社会主义思想，特别是习近平总书记关于文化建设的重要论述，中共江西省委、省政府把文化强省作为重大战略，出台了《关于加快文化强省建设的实施意见》，明确提出到 2025 年，江西要建设成为在全国具有较大影响的文化强省。《江西文化符号丛书》的出版正是中共江西省委宣传部深入学习习近平新时代中国特色社会主义思想，贯彻落实党的二十大会议精神，推动文化强省建设的一项具体行动。

我们策划出版这套《江西文化符号丛书》的初衷，就是力图将江西符号与江西形象、文化自信和文化思考，一起熔冶进书中，通过底蕴深厚的文字与精美个性的画面，带领人们理解江西文化的内涵，感知江西文化的灵魂，借以给人们梳理出一个清晰的文化发展脉络，提供一个宽敞的文化游历空间，架构一座理解传统文化与先人智慧的桥梁，活化一种历史记忆和时代精神的生动传承。

《江西文化符号丛书》的出版是一项系统工程。丛书选取了相对立体的涵盖江西特色文化基本面的 12 种文化作为第一辑，已于 2021 年 4 月出版，即《红色文化》《山水文化》《陶瓷文化》《书院文化》《戏曲文化》《农耕文化》《商业文化》《中医药文化》8 种特色文化，以及《临川文化》《庐陵文化》《豫章文化》《客家文化》4 种地域文化。在此基础上我们又梳理出《青铜文化》《古村文化》

《科举文化》《理学文化》《佛禅文化》《道教文化》《书画文化》《赣菜文化》《茶文化》9 种特色文化，以及《饶信文化》《袁州文化》《浔阳文化》3 种地域文化，共 12 种，作为第二辑出版。这些都是在江西历史上经过时间检验，已经形成广泛影响，并在较大范围内获得公认的文化成就和文化现象，它们是一道光、一条路，引导人们向光而行，不断续写新的华章。

我们在编撰工作中紧紧围绕"正""专""新""特""精""美"来精耕细作。"正"，是指传播正能量，把好政治导向关；"专"，是指既要雅俗共赏、通俗易懂，又要体现学术层面的专业性和权威性；"新"，是指所选内容，不但要注重文化源远流长的历史和发展特征，更要延伸这种文化的美好前景及其在当下生生不息的生命力；"特"，是指文化内容一定要选取最有特质、最有代表性的符号来讲述；"精"，是指选材精、表述精、制作精，以打造精品图书的标准来组织实施；"美"，是指图文并茂，精美雅致，让读者沉浸在美景美物的故事和文化意境中，怦然心动，产生共鸣。

丛书的出版得到了领导和有关方面的高度重视和关心支持。中共江西省委常委、省委宣传部部长庄兆林同志对丛书的编撰亲自部署、具体指导。时任中共江西省委常委、省委宣传部部长施小琳同志，时任江西省人大常委会党组副书记、副主任朱虹同志，中共江西省委宣传部老领导刘上洋、姚亚平同志对丛书的编撰出版给予了悉心的指导。在丛书配图方面，江西省各设区市委宣传部以及江西画报社提供了有力的支持。在书稿审读过程中，中共江西省委党史研究室、江西省社会科学院、江西省文学艺术界联合会、江西省民族宗教事务局、江西省博物馆等众多单位以及南昌大学、江西师范大学等众多高校的专家学者提供了学术上的指导。丛书各册的作者克服了诸多困难，在相对较短的时间内，精心构建框架，广泛搜集资料，创新表达方式，倾情进行写作，为丛书的顺利出版付出了艰苦的努力、巨大的心力。丛书还参考了一些研究成果和图片资料，使用了省内部分摄影家的作品。在此，我们谨向所有支持、帮助过该丛书出版的领导、专家、学者致以衷心的感谢！

限于时间相对匆促，在编撰出版过程中，难免存在缺憾和不足，敬请广大读者批评指正！

丛书编委会
2023 年 1 月

目 录

CONTENTS

江西文化
符号丛书

第三章

自成一体的文化构建

第四章

通古达今的人生智慧

导言

　　一方水土养一方人。

　　赣江奔腾不息，鄱湖渺无际涯。

　　赣鄱大地，物华天宝，文明厚重。一代代赣鄱儿女在这块钟灵毓秀的土地上，生生不息、繁衍生活，创造出气象万千的赣鄱文化。道教文化，便是赣鄱文化百花园中别具色彩的一朵奇葩。

　　"道可道，非常道。"这是道家创始人，同时也是被道门中人奉为祖师爷的老子在《道德经》中的开篇首语。并且，这也是很多中国人日常挂在嘴边的一句话。那么，究竟什么是道教？江西道教文化又是怎样的一种气象？

　　大体而言，道教是中华民族的本土宗教，它在神州大地的怀抱中诞生，为中华民族传统文化的乳汁哺育而成。它尊中华民族的始祖轩辕黄帝为宗祖，崇老子为教祖。从轩辕黄帝问道于广成子说起，道历至今已传承了近五千年；从东汉末年祖天师张陵创教算起，至今也有近两千年历史。

　　道教文化是中华民族传统文化的组成部分，道教以"尊道贵德"为核心教理，其经典和教理教义中有很多积极内容，体现了我们中华民族传统美德的要求，如道教"济世利人"

的社会责任感，"慈爱和同"的处世方式，"顺应自然"的行为准则，"崇俭抑奢"的生活信条，"清静恬淡"的精神境界，"抱朴守真"的价值取向，"性命双修"的养生思想，"天人和谐"的生态智慧等，这也是道教作为本土宗教与外来宗教大不同的地方。

在几千年的历史长河中，儒释道与诸子百家一道，共同构成了中国传统文化的主体，对我国传统社会的社会历史、政治经济、哲学伦理、文化艺术及民风民俗、民族性格和心理素质等众多方面，都产生了广泛而深远的影响，是中华民族的精神血脉，是涵养社会主义核心价值观的重要历史源泉，也是我们在世界文化激荡中站稳脚跟的根基。

江西是中国的道教文化大省，历史悠久，底蕴深厚，流派众多，高道辈出，是中国道教至为重要的发源地、发祥地、兴盛地之一。

在长期的历史发展进程中，道教无论是符箓、丹鼎、内丹、外丹，还是正一、全真，都与江西道教联系密切。符箓三山（龙虎山、茅山、阁皂山）江西有其二；道教四大宗坛（龙虎宗坛、灵宝宗坛、茅山宗坛、净明宗坛）江西有其三。在赣鄱的山水形胜间，先后形成了"天师道（正一派）""灵宝派（阁皂宗）""北帝派""天心派""神霄派""广惠派""净明道""伍柳派""正乙派"等宗派，兴衰沉浮；创立于江西之外的"葛家道""李家道""上清派""重玄派""闾山派""钟吕派""东华派""清微派""金丹南宗""全真道""龙门派"等宗派，也都曾进入江西境内活动，各种教派蔚然成为江西道派繁盛之气象。

江西道教名山众多，庐山、西山、三清山、灵山、葛仙山、龙虎山、麻姑山、阁皂山等闻名全国。作为名山道设的"洞天福地"数量在全国省区中亦属最多者之一，有5个洞天和12个福地列入道教"正史"，这也是今天发展旅游事业的重要资源。

道教文化贯通于古今社会，渗透进人们日常的生产生活、生老病死、婚丧嫁娶、衣食住行之中。历史上江西地区的思想、文化、艺术，尤其书画学、地图学、医药学、文学，无不与道教相关。江西道教文化底蕴深厚，创造力强劲，形成了江西特有的"天师文化""净明文化""福主文化""杏林文化""赣傩文化""堪舆文化""麻姑传说""道教文学"等等。道教文化因而也赢得了"文化之道、养生之道、天人之道"的美称。

2002 年，中国道教净明道文化研讨会在南昌召开。2014 年，以"行道立德，济世利人"为主题的第三届国际道教论坛在鹰潭龙虎山举办。2022 年，社科重点课题《江西道教通史》三卷本出版发行。这些大力宣传和弘扬中华优秀传统文化、展示我国道教独特文化魅力的重要举措，同时也是江西道教文化重要地位和影响力的生动体现。

作为一种特色鲜明的文化符号,江西道教文化是江西的,也是中国的。它既体现了赣文化的风韵和底色,也承载有我们这个国家和民族的集体记忆和精神血脉。时代的变迁、社会的进步、文化自身的内在驱动力,决定着传统的道教文化既需要薪火相传,更需要与时俱进,跟上时代的步伐。

新世纪以来,在推进我国宗教中国化进程中,江西道教积极与社会主义文化建设相适应,传统的道教文化焕发出新的生机。深入探讨道教文化与现代文明的关系,努力发掘道教文化对现代生活有所裨益的精神内涵,取其精华去其糟粕,也是当代文化建设不可忽略的重要内容。

第一章

源远流长的历史底蕴

YUANYUAN-LIUCHANG DE
LISHI DIYUN

一、赣人图腾的文化气息

图腾文化是人类历史上最古老、最奇特的文化之一，是与现代文化渊源关系较多的一种文化，同时也是一种最复杂的文化体系。

从文化人类学来看，图腾是古代原始部落信仰某种自然或有血缘关系的祖先、保护神等，而用来作为本氏族的徽号与象征。

人类的各种观念不是从来就有的，都是在一定的历史时期和历史情境中产生的，是受生产力发展和生产关系影响和制约的。从已有的考古学成果和历史文献记载来看，如果说赣鄱大地的文明史在新石器时代就开始谱写，那么先民们在超越生存局限的生活行为和生产实践中，则催生出万物有灵思维，进而产生原始崇拜、图腾文化、神仙观念。如此种种，伴随着先民们的生产与生活而流行；如此种种，便也成为道教产生的历史源头。

　　江西地处长江中下游，介于岭南、东南、华中之间，号称"吴头楚尾""粤户闽庭"。先秦江西在自我发展进步中，长期受到中原文化、荆楚文化和吴越文化的影响，却没有形成自己独立的一以贯之的文化系统，驳杂融汇，在原始宗教文化的表现上也是如此。

　　受多种文化的影响作用，先秦赣鄱大地的图腾崇拜比较发达，复杂而多元。代表性的有阳鸟崇拜、龙崇拜、虎崇拜、鸟虎合一崇拜、羽人崇拜。其中，鸟崇拜在其中居于根本性地位，成为贯穿先秦江西图腾崇拜的主线。

　　阳鸟崇拜，是上古以来族群认"鸟"为始祖神与太阳崇拜相结合的产物。"阳鸟"是指随太阳迁徙的候鸟，种类非一，以雁、鹤为代表。

　　江西是阳鸟崇拜的重点地区之一。约公元前4000年，夏朝建立前，江西居民大都聚居在彭蠡泽周边，被归属为"阳鸟夷"。栖息古彭蠡泽一带的候鸟，种类繁多，数量巨大，尤以鸿雁、白鹤为最。这自是江西兴起阳鸟图腾崇拜的"物质"基础。蚩尤被黄帝击败后，本属"阳鸟夷"东夷族的九黎族，一部分流入彭蠡泽一带，由此"阳鸟图腾"在江西得以发扬光大。成语"丹凤朝阳"便源出于此。

　　在新干大洋洲商墓出土的诸多青铜器和陶瓷器物上，往往装饰有鸟形象的图案。例如，在一件甗形扁足鼎的立耳上，各铸一凤鸟。在青铜镈的舞部，左右各铸一伏鸟，均呈浮雕状，并且伏鸟身上有外省青铜器上不多见的"燕尾纹"。

在吴城文化遗址中，多个青铜器、陶器上，都有"鸟"的装饰。樟树刘公庙出土的铜鼎立耳上铸有一对飞鸟，还有商代文化遗址中出土的诸多鸟首形陶质研磨棒、鸟形陶把手及鸟形或饰有鸟形图案的陶制品等。

在南昌海昏侯墓出土的诸多器物中，鸟也是一个基本的主题。凤鸟、鸾鸟、金乌、玄鹤等几乎随处可见，充分体现了墓主人的鸟崇拜思想，在刘贺主棺内盖板的南侧，就镶嵌着一只神鸟图案，鸟头朝南，鸟尾朝北，寓意引导墓主人升天成仙。

阳鸟图腾崇拜的产生，是与江西以原始农业为中心的生产生活模式息息相关的。崇拜节候性"阳鸟"，亦借助"神"的威力提醒人们及时从事农业生产。江西先民的"阳鸟崇拜"既有精神的寄托，更有相当的生产生活适用性。

"龙图腾"源于上古时代天象崇拜的原始信仰，在夏、商、周三代已是较为流行，是中华民族共同的文化徽号。龙作为图腾，很早就受到龙氏部落的崇敬，但作为对雨水之神的崇拜，却是在农业生产形成之后出现的。自龙被神化之后，它超越了氏族部落的界限，在华夏大地被不同部落、不同民族普遍崇拜。

赣鄱大地江河密布，水资源丰沛，在农业生产生活中，既得水泽之利，又不时遭受水患之害，可谓爱恨交织。风调雨顺爱之深，翻江倒海奈若何。于先民而言，对兴风作浪法力无边的"龙"只能是敬为神明。

1993年，毗邻江西九江的湖北黄梅县发现了一条用不同色彩的河卵石摆塑而成的全长4.46米的巨龙遗址。龙塑时间距今约6000年，属大溪文化，人称"长江第一龙"。

在山地纵横、森林茂密，有虎豹出没的赣鄱，作为能"执精挫锐，噬食鬼魅"的百兽之长，老虎自然也是赣地先民的又一图腾。这在商周时期体现得尤为充分。

图腾崇拜中的龙意象

赋予神性的动物纹样是商周时期青铜器上常见的装饰艺术主题，在新干大洋洲和樟树吴城遗址中，虎形象成为这一时期和地域青铜器装饰艺术的重点。

在新干县大洋洲商代遗址考古发掘中，出土有大量青铜器，虎的形象引人注目。其中有3件方鼎和7件扁足鼎的双耳上均铸卧虎，这10件鼎上的20件卧虎雕刻，虽大小有异，但造型一致。此外，尚有3件扁足鼎的足部、3件曲内戈的内部，均呈变体虎形和虎头装饰；还有的青铜箕形器柄部两侧用阴刻的侧面虎形，乃至其他青铜器上的大量兽面文中的变形虎纹等等。其中，有一个仅见于江西的青铜头

新干县大洋洲出土的双面神人青铜头像

像，类似于由两个面具合成、中空的立体头像，被称为"双面神人青铜头像"。

吴城商代青铜文化遗址，也有多件老虎造型的器物，作为祭祀重器的青铜鼎或在双耳上铸圆雕卧虎，或在腹部饰虎头兽面纹，或将底足做成变体虎形，其他如戈、钺等兵器也多铸虎头或虎口形，尤其是作为代表性器物的重要礼器夔龙形扁足青铜鼎，通体高 30 厘米，口径 20 厘米，器立耳朵，耳上各置一卷尾伏虎，霸气十足，展示着"虎图腾"的魅力。

新干县大洋洲出土的伏鸟双尾青铜虎

大约在虎图腾盛行的前后，江西地区的鸟虎合一的图腾也开始出现。

吴城文化的"伏鸟双尾青铜虎"是"虎方"政治集团的神物。鸟栖在虎背上，正视前方，威不可犯；虎在下，屈腿低头，虎威似有若无，一副寄人篱下之态。

新干商墓中出土的兽面神人玉饰，亦属一件鸟虎合体器。该玉饰分上中下三层雕饰。上部为羽冠，象征鸟图腾；中部有眼、耳、鼻、口、腔、脸，像人形；而神人口中却露出上下两排方齿和上下各两对外卷的虎形獠牙，是为鸟人虎三者合体的图腾神像。

值得注意的是，被誉为上古社会生活百科全书的《山海经》，其所记载的江西原住民"赣巨人"正是"虎首鸟足"。称"南方有赣巨人，人面长臂，黑身有毛，反踵，见人笑亦笑，唇敝其面，因可逃也"。"又有黑人，虎首鸟足，两手持蛇，方啖之。""虎首鸟足"的赣巨人，与新干那种背伏一鸟、虎首鸟足的伏鸟双尾虎形器就极为接近。

大约在商代的时候，羽人崇拜出现了。

羽人，又称羽民，是身上长着羽毛或披着羽毛外衣的奇异之人。文献和考古资料表明，商人将玄鸟作为自己的始祖，所谓"天命玄鸟，降而生商"。此"玄鸟"其实就是鸟和人结合的羽人。虽然中原商朝的玄鸟与赣鄱羽人的内在关联还无从考证，但是随着神仙观念产生，羽人也不断地被神化，日渐形成了鸟图腾与神仙崇拜结合的羽人崇拜，却是不争的事实。

先秦时代，伴随着"不死""成仙"思想的兴起与流行，"羽人"也就逐渐演化为仙人的形象。《山海经》："有羽人之国，不死之民。或人得道生出羽毛也。"

如此看来，羽人不死成仙已是一种相当典型的神仙观念和原始宗教实践。

还是在新干大洋洲商代大墓中，出土了一件造型奇巧、工整精美的"玉羽人"，学名"商代活环屈蹲羽人玉佩饰"。羽人通高11.5厘米，用青田玉浮雕而成，呈枣红色，作侧身蹲伏状且两侧对称。眉毛粗壮，有"目"字形的大眼，半环形的大耳，鸟喙状的大嘴，头顶有鸟冠状饰物，头顶后部悬有用掏雕技法琢出的三个相套链环。双臂卷曲于胸前，拳心向内，蹲腿，双膝微上耸，腰背至臀部有阴刻的鳞片纹和羽纹，肘下至臀部雕刻出羽翼。"羽

新干大洋洲出土的商代活环屈蹲羽人玉佩饰

海昏侯墓出土漆盒上的羽人图像

人"从头至腿部都充分表现出"鸟"的特征，但头、面、目、身躯、手、脚等却是人的特征，人与鸟集于一身，赋有浓厚怪诞色彩。这个形象特别的"玉羽人"，反映新干大洋洲的商代部族之中就有"羽民"的后裔。

同样，在海昏侯墓出土的文物中，多处出现了肩生两翼而腰部长有羽毛的羽人图像，有的在漆盒上，有的在当卢处，表现场景为云端或仙境，这是羽人图腾影响的延续。

东晋文学家干宝（？—336）在他的《搜神记》中记载了一段《毛衣女》的故事，大意是："豫章新喻县（今江西新余市）男子，见田中有六七女，皆衣毛衣，不知是鸟。匍匐往，得其一女所解毛衣，取藏之。既往就诸鸟，诸鸟各飞走，一鸟独不得去。男子娶以为妇，生三女。"这段美丽动人的江西男子与毛衣女结合的传说，不仅被载入当地方志，代代相传，寂寂无闻的江口水库因易名仙女湖而成了天下恋人心驰神往之地，也进一步佐证了赣鄱地区历史时期羽人信仰的久远和深入。

　　道教创立后，"羽人"成仙已是道人的基本意识，以至于"羽人""羽客"成为道士的代名词，而道士去世也被称为"羽化"了，这是对羽人图腾的膜拜升华。

　　东汉中期，张陵携弟子们跨淮河过长江，经鄱阳湖溯信水，到鹰潭云锦山，于此炼九天神丹，"丹城而龙虎现，山因以名"。这是对龙与虎图腾的崇敬。

　　人类求生存，是社会进化的原因，也是文化发展的根本之源头。为了生存的需要，人类创造了各种文化。图腾文化便是其中之一。

　　图腾崇拜是人类最早的宗教形式，原始宗教总是从生殖崇拜、祖先崇拜、自然崇拜等展开。中国历史上的许多文化现象都渊源于图腾文化，而江西道教文化的渊源也印证了这一点。

二、赣傩文化的生命律动

天地玄黄，宇宙洪荒。

上古时期，先民们筚路蓝缕，水耕火耨，恶劣的生活环境和粗放的劳动生产力，驱动着人们在生存与发展的欲望中，寻求超自然的外在力量帮助来超越自我，由此创造出了活灵活现的巫文化。

远古社会从事祭祀的神职人员叫"巫"，他们是古代社会精神文明的主要创造者、弘传者，他们用神秘的象征借代手法，主要以祭祀的方式来表达自己或群体的观念和理想。通过巫觋祷告，请求赐降福祉、禳除灾祸。夏商周三代文化以巫为核心。

祭祀是上古社会最主要也是最重要的文化活动之一，统治者占有并控制着核心的祭祀权。通天礼神并不是每一聚落成员都有资格的，只有职业的巫觋，才能承担"沟通天地人神"的重任。

随着时间的推移，文化的发展，人们在祭祀中不断增添新的形式与内容。约在春秋战国之际，巫祭"驱逐疫鬼"的观念日渐上升为主流，其中以"巫傩"最具特色。

"傩"并非只是一种"赶鬼驱疫"的活动，它同时也是一种有主神崇拜、有原始教仪与思想、有组织文化的原始宗教。

中国的巫傩文化源远流长。周时"傩"分为"有司傩"和"乡人傩"。有司傩为官廷祭祀的仪式，又称国傩、大傩，一年中至少要举行三次天子和众诸侯都要参加的"国傩"。而"乡人傩"，则是每年正月寻常百姓人家逐疫纳吉的仪式。

地处"吴头楚尾"的江西，深受吴楚文化的熏染，属吴楚文化圈。吴楚之地重巫祭有着很悠久的历史。

赣巫作为原始宗教文化的产物，在赣鄱地区出现很早。有专家考证，在一万年前的万年仙人洞人的陶器上有"草搓纹"，就可能是植物灵崇拜的反映，标志着巫文化中级阶段（渔猎时代）的结束和巫文化高级阶段（农耕文化与傩崇拜）的开始。

早期的赣傩是综合中原文化、吴楚文化及赣鄱本土文化而形成的一种文化形态，它以"逐疫纳吉"为宗旨，以具有"通神驱疫，以防恶鬼来岁更为人害"功能的巫舞——逐傩为形式。

由于对变幻莫测大自然现象的敬畏与崇拜，为了沟通

赣先民用傩舞逐疫纳吉

人与神的关系，祈祷风调雨顺、天从人愿，先民们
利用登山、上树、占卜、歌舞等手段，举行祭祀仪
式，认为这样可以与天界沟通，"上达人间请求，
下传鬼神旨意"。随后，人们在灵柩入葬时，也往
往举行"打鬼"仪式。到了西周的时候，戴着面具

举行的傩祭活动，被作为礼制的一部分而逐渐制度化，国傩、大傩、乡人傩从而有了明确的界定。主持傩祭的方相氏戴上"黄金四目"的面具，其面目狰狞恐怖，行动威武庄严，如同一位讨鬼战神。

傩一出现就有强烈的宗教色彩。其表现形式和表达的意念，对后世道教的创立者们有着深刻的影响。在道教的符箓派中，就一直保留着巫术的画符念咒、驱鬼降妖，宣扬鬼神崇拜、祈福禳灾的科仪。

在长期的历史发展进程中，道教与傩舞一直相辅相成。江西流行的傩舞，以抚州南丰和萍乡上栗最为出名。

南丰傩始于汉代，与仙道化的人物吴芮有关。吴芮任长沙王期间，曾驻扎于南丰与宜黄交界处的军峰山（简称军山），见军峰"巍峨耸峙，四周煞气所钟"，便要求当地百姓"祖周公之制"传傩以靖妖氛。从此世代相传，盛行不衰。供奉主神为清源真君，即二郎神，是儒释道三方和古代官方奉养的神祇，在道教中的位阶极为崇高。

萍乡地区以傩为中心的活动，与天师道的关系更是剪不断理还乱。这里新春期间的耍傩神，与正一派的醮坛科仪如出一辙，耍傩的行表文、发奏牒与道教无异，都是使用咒符讳的手法，以示代表神灵来镇邪压祟。傩表演者的步伐同样也是太极罡步，以东南西北中五个方位为基调。

是早期的巫傩文化成就了道教，还是后世的道教文化丰富发展了巫傩文化，现在已经很难追溯，但不管怎么说，二者相互影响，相互成就，绵延至今，则是不争的事实。

根据田野调查，江西全省现在仍有傩祭活动和傩面具的县（区）有：南丰、万载、宜黄、崇仁、乐安、广昌、都昌、德安、武宁、修水、婺源、上栗、芦溪、湘东、安源。这些地方的傩文化，有文字资料，也有实物资料和形象资料，通过祭祀、傩舞、傩戏予以展现。其中，尤以萍乡上栗和抚州南丰二地最具典型，因历史悠久、内涵丰富、形式完备而素有"中国傩文化之乡"的美称。

三、仙化人物的滥觞肇迹

　　先秦时期，神仙观念已经伴随先民们的现实生活而流行。不过，"神"与"仙"是两个相互联系又有区分的概念。

　　根据许慎《说文解字》的说法，"神，天神引出万物者也，从示，申声。"也就是说神的功能是"引出万物"，本领比人要大得多。仙字，上古时期写作"仚"，又作"僊"，《说文解字》一作"人在山上貌"，表示人在山上的样子，一作"长生仙去"。由此可见，仙的本义一是指长寿，二是指轻举上升，典出《庄子·天地》："千岁厌世，去而上仙。"

　　春秋战国时期，仙化人物的传说行迹开始出现在文献典籍中。这一方面是受到了先秦诸子学说的影响，而更直接的因素是方仙道的推波助澜。当时，"人事"与"鬼神"日渐分离，一部分巫、祝等神职人士衍变为方士，他们或出于自己的信仰追求，或为了自身的名利，大力鼓吹和践行所谓长生不死的神仙方术，以所谓"不死药方"成就神仙事业。他们为了达致长生成仙的目的，创造出了专门性的系列方仙术，诸如咒术、祭祀、服药、烧炼、按摩、存思等。与此同时，一些生动形象的神仙境界、神仙人物不断地被创造出来，如在《山海经》中，就构建了不死国、不死山、不死树、不死药等。西方昆仑山之墟有大山，山上有神人西王母，掌握着不死之仙药。这种神仙信仰与方术结合的方仙道，也是后来道教创立的直接渊源和文化基础。

先秦时期，赣鄱流域出现的仙化人物传说，大体上可以分为两大类。一类是以黄帝为代表的部落联盟领袖群体，包括尧、舜、禹，他们是中华民族的先祖，也是后世道教建构的神仙谱系中，位格极高的一类神。另一类则是社会上各群体人物中的典型，有本土的，也有来自其他地区的。

黄帝大体生活于五千年前的新石器时代，是部落联盟的领袖。他先后打败神农、蚩尤、炎帝，统一了中原纷乱混战的氏族部落，成为中华民族的人文始祖。传说黄帝周游天下，曾到过江西，《广黄帝本行记》记载，"帝受道毕，东过庐山"。与此同时，一些被黄帝打败的蚩尤部落的人进入赣地，留下了显明的文化遗存。据《山海经·大荒南经》，蚩尤战败后戴着刑枷被斩首，后刑枷化为枫木，枫叶秋后变为红色，就是蚩尤鲜血所染。在傩文化的传说中，至今萍乡傩舞中三元将军面具的耳翅和开山的双角正是传说中蚩尤"耳鬓如剑戟，头有角"的形象体现。

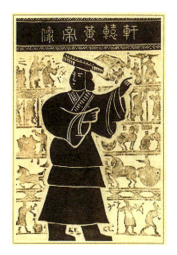

轩辕黄帝像

尧也来过赣地，在鄱阳县有一尧山，相传为尧来鄱视察治水而得名，山下建有尧的行宫尧亭。《鄱阳记》所记载石虹山的"篆书八十三字"，被指为是尧当年治水的铭刻。

传说最多、流传最广的是禹。这与他平定三苗和治水功高有关。禹曾率兵进入三苗腹地的赣鄱流域，并且在征战的过程中，得到了"人面鸟身"的神灵相助，事载《墨子·非攻篇》。

江西向有泽国之称，禹的足迹几乎遍及鄱湖流域，今天的"九江""彭蠡""敷浅原"诸地名都产生于大禹时期，无论是诸子百家的《尚书》《礼记》《墨子》，还是官修《史记》《永乐大典》，抑或是民间地理志怪类的《太平广记》《水经注》《山海经》都留下了大量的记载。传说大禹登临峡江县玉笥山，在山上的大秀洞府接受神仙传授治水之方和上清灵宝符篆图。他曾用"不死草"救防风氏。道士在科仪中常用的步罡踏斗的步法动作"禹步"，相传即为大禹所创。

在地方上的仙化人物中，西山洪崖、

庐山匡俗、云梦山鬼谷子、鄱阳吴芮、宁都张丽英、豫章梅福等是其中影响较大的。

洪崖先生，本是先秦著名的方士。在仙化的传说中，他是一名伶伦，即轩辕黄帝管理家庙、主持祭祀的乐官，后隐逸修真而得道成仙。他擅长炼丹，南昌郊外的梅岭是建构他仙道形象的重要之地，迄今有"洪崖丹井""洗药湖"等遗迹。后世道门中人尊他为"青城真人"。

庐山，又名匡山、匡庐，别号"神仙之庐"。而"庐山""神仙之庐"之得名，很大意义上源于匡俗的仙道化事迹。匡俗，又称匡续，号匡阜先生、方辅先生，也是方士出身。相传为禹的后裔，自小有物外志，最后在庐山修炼成仙。

鬼谷子，本名王诩，又名王禅、王通，是战国时期卫国人（今河南鹤壁一带）。据说，他彻通天地，精于兵法和奇门遁甲、五行八卦之学，著有综合纵横家、兵家、道书于一体的《鬼谷子》一书。他门下弟子无数，知名的有苏秦、张仪、孙膑、庞涓。相传他受学于老子，活了几百岁，后不知所终。后世比较公认的说法，是他曾在贵溪云梦山采药

鬼谷子

赵孟頫番君庙碑

修道。对此，唐人杜光庭《录异记》、宋人张君房《云笈七签》、朱涣《贵玄思真洞天碑》、乐史《太平寰宇记》，元人赵道一《历世真仙体道通鉴》，清人娄近垣《龙虎山志》都有明确记载，遗迹有鬼谷山、鬼谷洞、鬼谷石堂等。

吴芮本是秦朝郡县制下的番（今江西鄱阳）令，后来在反暴秦的斗争中有功，被刘邦封为长沙王。赣鄱大部地区是他的治理辖区。相传治理有方，深得百姓拥戴。死后百姓对其崇拜不已，为其修祠，亦称番君庙，"水旱疫病，祷之辄应"。

宁都张丽英的出名，也与吴芮有关。据说她十五岁入当地金精山修炼，生禀瑞相。吴芮有意娶她，被其拒绝。她创作有诗作《石鼓歌》（亦称《金精歌》），诗中讲述尘世的苦难和仙人的超凡绝尘。这是一篇典型的"仙道诗"，她开启了江西女仙信仰之端。

梅福，九江郡寿春（今安徽寿县）人，自幼饱读儒家经书，西汉末年出任南昌县尉，因不满朝政，隐姓潜遁，结庵修炼，历千日功成，乘青鸾飞升而去。今天南昌的梅湖、梅岭、梅仙亭、梅仙坛等处，皆因其而得名。省内宜丰、高安、崇仁、进贤、丰城、峡江、安福等地都有其活动的遗址。梅福拥有诸多的名号：九江神仙、仙尉、梅真、仙人梅等，集儒士、隐士、神仙于一体。梅福形象是中国传统多元文化综合作用的结果。将学识不凡、品德高尚、超然物外之人仙道化，是古代中国文化的一大特色。

同一时期，在赣鄱知名的地方性仙化人物还有浮丘公、王子乔、赤松子、甪里先生、栾巴以及庐山"三将军"，玉笥山"十仙"等。他们虽然不是赣人，但却在赣鄱土地上留下了神秘莫测的幻踪仙迹，江西民间广泛流传着他们的故事。大仙浮丘公尝隐于奉新华林山，山南一峰号曰"浮丘"。周王之子王子乔乘鸾鹤云游四方，休憩于南昌西山鸾冈，故名。神农雨师赤松子寓居玉笥山，丹井、醮坛今犹在。"商山四皓"之一的角里先生当年来到瑞昌，但见山清水秀，紫芝繁郁，遂结茅为庐，躬耕为食，吟风弄月，笑傲烟霞。

　　沧海桑田谁得见，白云千载空悠悠。在道教成立之前，在仙道化的文化氛围中，赣鄱地区已是"众仙云集"了。

四、张陵创道的龙虎山行

有论者指出，在中国现有的五大教中，与佛教、基督教、天主教、伊斯兰教等外来宗教不同，道教的前史特别长，其创教活动分散而缓慢，早期教派并非由同一途径、在同一地区和同一时期形成，呈现出门户林立、宗派众多的特点。确是如此，在广袤的中华大地上，在漫长的历史进程中，中国的道教在相当长时间内没有一个统一的稳定的教团组织。

不过，道教界、学术界基本一致的看法是，道教正式创立的标志

是东汉顺帝年间（126—144）张陵在四川鹄鸣山（鹤鸣山）创立天师道。而在更早的一个时期，张陵在江西龙虎山活动十余年，在方仙道的基础上，结合自己的炼丹经验，开始探索道教的理论与实践。由此，为天师道的最终创立奠定了良好的基础。

龙虎山是中国道教的策源地和发祥地之一。

张陵（34—156），沛国丰邑（今江苏丰县）人。自小聪慧，七岁就通《道德经》。成人以后，成为太学生，博览坟典五经，贯通天文、地理、河洛、

风光秀美的龙虎山

图纬等。曾于浙江天目山开堂讲学，从学者多人。因感于朝廷政治昏暗而儒学难以拯危佐世，同时受所处时代黄老方仙文化的影响，叹世俗之学"无益于年命"，遂笃意长生神仙之道。

张陵先是到南岳，拜谒祝融祠、光天坛、青玉坛等。继而又自浙逾淮，涉河洛，得炼形合气之书，学辟谷修身之术。为避朝廷征召，在洛阳北邙山和蜀地的溪岭深林中栖隐修炼，苦节学道，啬气养神。

张陵像

大约在汉章帝建初五年（80），张陵与弟子王长跨淮河过长江，由鄱阳湖进入江西，开始他在赣鄱大地上的创道活动。

汉和帝永元二年（90），游历到鹰潭贵溪云锦山时，被这里碧水丹山的清幽雅秀所吸引，遂安止栖息。传说，他在这里潜心修三元默朝之道，得黄帝龙虎中丹之术。三年后"丹成而龙虎见"，云锦山因以改名"龙虎山"。

张陵在龙虎山留存众多遗迹。据清娄近垣《龙虎山志》记载，在龙虎山正一观后有天师草堂、炼丹岩、濯鼎池、试剑石等。在龙虎山西仙源"壁鲁洞"，世传太白真人授张陵龙虎之法于此。张陵访西仙源壁鲁洞行神虎秘文，感太上授正一盟威之道及《太上三五都功》诸品经箓。藐姑山顶有张陵"禁治鬼祟"的"封鬼洞"，有张陵修炼的"云锦洞"。上清宫东南 30 里的"祈真观"，也是他的炼丹处。

张陵在龙虎山从事修行活动，前后持续了 20 多年。他以龙虎山为基地，还到江西其他地方游访，从学者多人。阁皂山、三清山等多地留下了他从事道教活动的足迹，江西群体性的道教活动从此发端。

为道教的创立，张陵做了大量卓有成效的举措，最主要的有以下几个方面：

一是尊老子为教主。老子本是春秋战国时期的思想家、教育家、道家学说创始人，不意数百年后被追奉为道教教主。张陵此举屡被后世非议，但于道教的创立而言，确是意义重大，并且得到了道门中人的一致认可，香火供奉，顶礼膜拜。

老子像

龙虎山天师府玉皇殿（鹰潭市民宗局供图）

二是奉老子《道德经》为经典。《道德经》又称《老子》《老子五千文》，主要讲述道家在修身、治国、用兵、养身等方面的主张，核心学说是"道法自然"。张陵的拿来主义，不仅解决了创教的基本经典教义问题，也为日后形形色色的道门流派提供了最基本的精神遵循。

三是著述《老子想尔注》，阐述自己的道教思想。这是一部哲学兼丹经的经典著作，亦称"天师家学"。用道教神学观点注解《老子》，通过增删、改字、注释等方式加以改造，将"道"神格化，较为完整和系统地构建了道教的基本理论，从本质上完成了《老子》的宗教化。

四是开启托名神仙降世传授真法的套路，为后来的各流派创始人所效法，为道教理论和法术的丰富与发展开辟了广阔的路径。

汉顺帝汉安元年（142），张陵自称感应太上老君授以经箓《正一盟威秘录》《三清众经符箓》《丹灶秘诀》及雌雄二剑、都功印，因创"正一盟威之道"。号为"三天法师正一真人"，这标志着天师道的正式创立。

张陵创立了中国道教史上最早的道派——天师道，被后世道门中人尊为张道陵、张天师、祖天师，而其在龙虎山的岁月是其成就创道功业的关键节点和重要阶段，龙虎山遂成为中国道教的重要策源地和天师（正一道）的祖庭，绵延至今，已历近两千年。

五、二葛仙翁的阁皂问道

在创立道教的人物谱系中，若论名号大小，能与张陵比肩而称的只有葛玄、葛洪祖侄，他俩均被道门中人尊称为"葛仙翁"，在"四大天师"中占有一席。

汉末三国时期，葛氏祖侄探索道教发展的路径，与张陵可谓同源而异流。他们长期在以阁皂山为中心的江西地区活动，不仅奠定了灵宝道的发展基础，也开辟了上清道前进的方向。其影响极其广泛而深刻，成为江西（中国）道教文化的重要内容之一。

葛玄（164—244），籍贯本在琅玡，后迁丹阳句容，出身名门世家，自幼好学，博览五经及子史书传。因受父辈崇尚黄老道学的影响，素喜老庄，安闲淡泊。约16岁起，慕道访真，入天台赤城山修行。数年如一日，勤苦不怠，终于修炼成功，像是七虎之变、炼气保形之术以及看病抓药"驱鬼"等道教秘法，都了然于心，故传说他"五通具足，化道无方"。

由于特殊的世家子弟身份，葛玄尤为注意向社会的上层传道，因而与东吴国主孙权关系密切，可以颇为自由方便地出入"庙堂"。加以主张儒道兼综，道法又高深，深受孙权敬重，被迎请入京师建业（今江苏南京），待以宾客之礼，常与之共游，动相咨禀。

葛玄一生孜孜追求长生成仙，修道前后60余年，足迹遍及长江中下游及岭南的名山胜地。此时的江西正为东吴所辖，文化氛围有利于传道修炼，于是在广袤的赣鄱流域展开了较为广泛的道教活动，由此成就其在中国道教史上的不朽功业。樟树阁皂山、九江庐山、南城麻姑山、上饶灵山、铅山鹅湖山、萍乡武功山都留下了他活动的遗迹。

建安七年（202）葛玄在阁皂山修道期间，积极展开弘扬《灵宝经》及其斋法的活动，并且在这里升仙羽化，灵宝法箓传付阁皂。由此，阁皂山成为灵宝箓坛之地，同时也成为江南道教的中心之一，吸引了不少学道者前来。

江西境内，流传着大量与其相关的传说、故事，尽管其中有不少是道家附会或民间创造，却也在一定程度上证明葛玄在江西广泛活动，其道教成就离不开江西。

据文献记载，葛玄培育弟子500余人，身边常有数十弟子相随，入室弟子有张泰言、孔龙、郑隐、释道微、李参、王玄冲等。实际上，此时的葛玄创立了一个有影响的道教教派，这也是江西境内早期的教派组织，声势影响一度在龙虎山天师道之上。

宋代以后，葛玄被道徒尊称为"太极左仙公""太极仙翁""葛仙翁""葛天师"等，在中国道教史上名声卓著，有"三清古道千秋业，四要玄机万世师"的盛赞。

中国道教教派的一个重要特点，是家学相授、族内传承。如果说天师道历代天师世袭，形成了道教世家，与孔府比肩，有"北孔南张"之誉外，灵宝派通过葛洪的不懈努力，也赢得了"葛家道"的称誉。

明·王世贞《列仙全传》中的葛玄像

　　葛洪（283—363 或 343）自号抱朴子，系葛玄的侄孙。葛洪十六岁始读儒家经典，"性淡寡欲，不好荣利"。后师从年逾八旬的葛玄弟子郑隐修道，如此推算，他是葛玄的再传弟子。

　　关于葛洪在江西的活动，官修正史《晋书》以及正统道教文献大多语焉不详。但在江西地方文献和民间流传中，却是一个浓墨重彩、活灵活现的人物。足迹所至，有萍乡武功山、南昌西山、新余百丈峰、樟树阁皂山、九江庐山、铅山葛仙山、南城麻姑山、上饶灵山、德兴三清山以及遂川、万安、大余等地。

葛洪像

　　在中国道教史上，葛玄是先秦两汉以来道法道术的集大成者之一。

　　葛玄是丹经派的代表性人物。据传，他早年从方士左慈处得授《太清丹经》《九鼎丹经》《金液丹经》等炼丹经书。经过他的修改和实践，又将所学所获密授给自己的弟子郑隐，再由其侄孙葛洪发扬光大。

上饶葛仙山接官亭（付远清摄）

相传葛洪炼丹取水用的三清宫古丹井（上饶市民宗局供图）

　　他精心研诵《上清》《灵宝》诸部真经，前后四十余年撰成多部道教典籍，并广收门徒，宣扬灵宝、上清道义。后世形成的灵宝道派，一般都奉他为祖师。

　　他致力于道教的基础思想建设，著有《老子道德经序诀》《断谷服食方》《入山精思集》等，尤其是《老子道德经序诀》在河上公、张陵等人注释的《道德经》基础上，进一步完善规范，被道门中人称为"葛本"，是南北朝至隋唐时期道教徒传习老子思想的重要依据。

葛洪的成就不在他的叔祖葛玄之下，既是魏晋丹鼎道派集大成者，又是承启道教灵宝派、上清派的一代宗师。

葛洪不仅是著名的道教理论家，同时也是杰出的炼丹家、医学家。他的代表作《抱朴子》内、外篇共有 8 卷，是道教典籍中的名篇：内篇 20 篇，论述神仙吐纳符箓勉治之术；外篇 50 篇，论述时政得失、人事臧否。尤其是《抱朴子·内篇》为道教长生成仙说提供了一套理论和修炼方法，是魏晋道教神仙长生理论和金丹道理论的里程碑性成就，代表了当时的最高理论水平。

葛洪通过对前期道教思想理论的总结，充分借鉴玄学的思维，积极援儒入道。由此把道教的修炼和维护封建纲常有机地统一起来，大大调和了道教和儒家礼教的关系，增强了道教的社会功用。

葛玄、葛洪祖孙在江西尤其在阁皂山的理论创建和炼丹实践，前后共持续了半个多世纪，对江西乃至整个中国道教史产生了深远的影响。

是二葛仙翁阁皂问道促进了江西道教的发展，还是赣都的山川人文哺育成就了他们？唯有山川知道、历史知道。

六、虎溪三笑的深远隐喻

在儒、释、道三教的语境中，"虎溪三笑"是一个近乎人尽皆知的故事。

虎溪在庐山东林寺前，相传晋僧慧远（334—416）居东林时，送客不过溪。一日，田园诗人陶渊明（365—427）、道士陆修静（406—477）来访，与语甚契，相送时不觉过溪，虎辄号鸣，三人大笑而别。后人于此建三笑亭，并有多版传世的《虎溪三笑图》。

慧远是净土宗的始祖，出身于书香世家，雁门楼烦（今山西原平）人。自幼精通儒学，旁及老庄，在太行山拜道安为师，出家修行，成为道安的上座弟

明·刘俊《虎溪三笑图》

子。后来到庐山东林寺，与刘遗民、雷次宗等人结白莲社，专修"净土"之法，以期死后往生"西方"，这是佛教史上最早的结社，"净土宗"由此开端。

陆修静是南天师道的宗师，东吴兴东（今浙江兴东）人。也是自幼习儒，后入道。刘宋大明五年（461）来到庐山，因"爱匡阜之胜"，构筑精庐居处修道，是为太虚观，在此活动了七年。他主张儒、释、道融通，认为斋醮是求道之本，然后复以礼拜，课以诵经，即能成道。是一派宗师大家的风范气度。

陶渊明是九江柴桑（今庐山市）人，为我国田园诗的鼻祖，号称"隐逸诗人之宗"。不仅自幼接受了系统的儒学教育，也深受老庄思想熏陶，相传还获邀参加白莲社。虽然榜上有名，但一直没有参加活动。

总而言之，这三人是晋宋时代的翘楚。不仅为当朝人尊敬，也为后世所景仰，是儒释道三教都通达的人物。

虎溪三笑，这是一个动人的故事，美丽的传说。但却是一个并不存在、并未发生，也没可能发生的故事。

一个简单的事实，是他们彼此的年龄都相去甚远。三个人中，慧远最年长，分别比陶渊明长 31 岁，比陆修静长 72 岁。慧远圆寂时，陆修静尚是 10 岁的少年，陶渊明去世时，陆修静也只有 21 岁，还未修道成名。"我生君未生，君生我已老。"如此看来，即便三人再有心再投缘也是不可能相见的事。

那么，为什么会产生这个故事呢?

对于社会化的宗教而言，伦理道德教化是不可缺少的内容。道教的思想建设当然也必定如此遵循而行。但是，伦理道德不是从天上掉下来的，而必须是具有一定的历史继承性。

张陵等创道的先哲们，以老子的《道德经》包括自创的《老子想尔注》《太平经》等解决了基本教义问题，但这远远不够，还需要从其他诸子百家中吸取养分，发掘适合自己的内容。于是，儒家、墨家、兵家等等都在视野之内，尤其是儒家在先秦及汉初属于"九流十家"之首，张陵、葛玄、葛洪等人本身就是自幼习儒出身的饱学之士，对儒家经典烂熟于胸，通过梳理改造，把儒家道德变成道教神学伦理的内核，无疑是一个有效的路径和现实的举措。

自汉儒董仲舒提出"天人感应""三纲五常"学说后，新的儒家学说带有鲜明的神学意识。这种神学化的伦理道德体系为后来道教的伦理建设奠定了理论基础。因此，不论是东汉的《太平经》《周易参同契》，还是晋代的《抱朴子》中，都深深地打上了儒学的烙印。

激励道教兴起的因素主要是中国本土的传统文化，这是毋庸置疑的。但是，东汉初年传入中国的佛教，几乎与道教创立的时间同时。佛教中国化，道教宗教化，使得二者之间具备着混融与借鉴的可能。

佛教要在中国生根，就必须走中国化的道路，佛经翻译必须借助儒家、道教词汇，中国的信众才易于接受。在佛经大量翻译的同时，渗透着中国传统精神的佛教经典也创造出来。同样，佛教的因果报应、地狱轮回之说，也被道教吸纳，这在魏晋以后的上清派与灵宝派中表现得尤为明显。比如《太真玉帝四极明科经》明确写道，"善恶因缘，莫不有报，生世施功布德，救度一切，身后化生福堂，超过八难，受人之庆，天报自然"，与佛经的说法如出一辙。

在道教的神仙谱系中，老子即是释迦牟尼，观音菩萨即是慈航真人，华光大帝即是华光如来，斗姆元君即是摩利支天。这些被混合的佛道人物形象，在《封神演义》《历代神仙通鉴》《西游记》等小说中随处可见，并且在一些大小道观中接受香火膜拜。

魏晋南北朝时期是一个儒释道共生共存的时代。因此，出现"虎溪三笑"的故事也就不奇怪了。从三教的源头来看，既渊源有自，又彼此兼容，不断充实完善着自身的神学体系。

另外，在中国历史发展的进程中，儒释道这种相互借鉴，相互融合，共同发展的传统，一直贯穿于始终，并且随着历史进程的推移不断明晰。如果说，南北朝时期道教开始强调"三教一致"，着重从社会教化功能的角度来进行论证的话，那么，至隋唐五代"三教融合"便告全面铺开，尤以消化吸收佛教思想、方法为特色。至明清时期，"三一教"也产生了。

实际上，以"虎溪三笑"为题材的画作和纪念性的亭阁，无一不是唐代以后的创作。因此，"虎溪三笑"的故事不排除为好事者就三教融合说而虚构。有人在三笑亭上留下一联："桥跨虎溪，三教三源流，三人三笑语；莲开僧舍，一花一世界，一叶一如来"，引来无数人驻足深思。

是的，"虎溪三笑"的故事虽然没有发生，但隐喻深远。在历史的情境中，"三教"之间你中有我、我中有你，相互借鉴、自我完善，不仅是中国宗教的一大特点，也是中国传统文化生生不息绵绵流长的魅力所在，是我国宗教走中国化必由之路的大逻辑所在。

第二章

枝繁叶茂的宗门流派

ZHIFAN-YEMAO DE
ZONGMEN LIUPAI

一、树大根深的天师道

天师道是中国道教最早创立的道派之一，也称五斗米道、鬼道、正一道。

称天师道、正一道，都与张陵有关。一种说法是他本人自称天师，还有一种说法是徒弟们尊称他为天师，不管是自称还是他称，总之他是祖天师，正统地位不可动摇。同时，也是他把教派名称定为"正一盟威之道"，简称正一道。

五斗米道的得名，通行的说法是教徒入道的资费，需要五斗米。张陵去世后，他的儿子张衡、孙子张鲁传承道统，以符水治病，得到社会底层贫困无助百姓的拥护，成为符箓派的代表。当时，张鲁自号"师君"，下设"祭酒""都讲"等管理层，徒众称"鬼卒"。因此，时人又称之鬼道。东晋时，孙恩、卢循利用五斗米道领导农民起义，前后达十余次之多。

鹰潭嗣汉天师府头门（鹰潭市民宗局供图）

张鲁汉中割据，是曹操统一进程的障碍。曹军大兵压境，张鲁没有抵抗，而是封藏国库子身而去。五斗米的道众被北迁魏国之地，道教因之也传入北方。

天师道在江西的发展，严格意义上讲，是在第四代天师张盛之后。张鲁安排好国事和道众以后，把体现天师身份的印、剑授给张盛，并且对他说了一番在道教史上具有重要意义的话，原话是"大江之东云锦山，亦名龙虎山，祖师正一元坛在焉，汝可以印、剑、经箓，往住其地，永宣祖教，以传于世"。从此，天师子孙世居龙虎山中，潜心修道，代代相传。不论世间风云变幻朝代更迭，传承祖天师的学说与法脉却一直延续。如第六代天师张椒、第十四代天师张慈正多次被朝廷征召出山做官，就是不去。第八代天师张迥被当朝皇上请去求教治国之道，旋即又回到山中。

洞中方七日，世上已千年。

龙虎山上香火袅袅，祥和一片；龙虎山外波涛汹涌，社会变迁。魏晋南北朝时，社会动荡不安，受南北政权对立和政治经济文化发展的影响，道教的发展起起伏伏艰难前行，经过分化和改造，出现了南北天师道。

在北方，嵩山道士寇谦之（365—448）在魏太武帝的支持下，自称太上老君授以天师之位，命其清理道教，向张陵和龙虎山发出挑战，提出要除去三张（张陵、张衡、张鲁）伪法和租米钱税及男女合气之术，原来的"蓄养子弟"方法改了，"授箓"制度新修订了，今后专以礼度为首，而加以服食闭炼，用儒家"佐国扶命（民）"思想，创立了以礼拜修炼为主要形式的新天师道，也为行将没落的北方五斗米道带来了新的转机。后人为区别于南天师道，而称其为北天师道。

在南方，以陆修静、陶弘景为代表的南方道士们，没有简单地卷入论战，而是以自己的方式潜心修炼，在理论和实践上取得了不俗的成就，不仅扛起了道教正统的旗帜，而且有了创新和发展。在葛玄、葛洪以阁皂山为基地打造出江南道教中心的基础上，庐山道士陆修静坚持"祖述三张，弘衍二葛"，汇集东晋以来上清、灵宝、三皇法文等三洞经书，充实道教教理教义；潜心整理三调经术，编著斋戒科仪，制定道教科范，以符箓斋醮为主要修持方式。从此，由初具规模的五斗米道，发展成为组织完善、体系完备的天师道，标志着南天师道的形成，也是天师道的正统和主流。

经过寇谦之、陆修静等人的改造，天师道由民间道教演变为官方道教，由简单、粗鄙向成熟、仪式化方向发展。

唐朝，是中国传统社会中经济发展文化繁荣的时期，也是佛教、道教等宗教势力大发展的时期，天师道在众多道教流派中脱颖而出。

转折性的事件发生在唐高宗时。永徽年间（650—655），第十二代天师张恒被高宗召见，询问治国安民之道，因对答有方，获得嘉许。同时又以大唐李氏与道教教主老子同姓，上老子封号为"太上玄元皇帝"，以道教为国教，道士为皇族。

唐玄宗对道教更是厚爱有加。天宝七载（748），册封张陵为太师，在京城设授箓院，置坛传箓，同时赐予金银，免除龙虎山租税，把自己的手书当面送给张恒。尤其是箓牒正式列入朝廷官方管理的范畴，明确龙虎山面向全国开坛授箓，由张天师担纲传度师并主持授箓法会，对于确立张天师和龙虎山在全国道教流派中的地位和影响意义重大。

此后的几代唐主，对龙虎山天师道都高看一眼、厚爱一分。唐肃宗赐降香帛，在龙虎山建斋醮。唐武宗召见第二十代天师张谌，拨给国库资金修建"真仙观"，用于传箓。懿宗下令在京城建金箓大醮。唐僖宗册封张陵为"三天扶教大法师"。与此同时，天师世袭制基本确立，并得到朝廷的认可，"世上无人见不尊"。

宋朝，几代帝王都崇奉道教，而真宗、徽宗尤盛。天师道继续呈现兴盛的局面。第二十二代天师张秉一以符箓道术、斋醮科仪闻名于世。天师道授箓不仅被官方认可，还设立了专门机构（授箓院）负责授箓事务，为授箓制度的形成奠定了基础。同时敕令龙虎山真仙观为上清观，并免除田租。从第二十四代天师张正随到第三十二代天师张守真，除一人外，其余八位天师都被召见赐号，修葺其宫观，优渥其品级，特赐其殊荣。

同时，龙虎山的法派又分衍出紫微、虚靖、灵阳及天

清·焦秉贞《宫廷道场图轴》

心等法派、支派，树大根深，枝繁叶茂，声势浩大。

　　自北宋以来道教内部的"法派"盛行。龙虎山道教"法派"的创派以"宗师"为首、以"道院"为依托、以"字辈"传承接续。三派共有东十五院、西二十一院。紫微派由洪微叟开山创立，成为此派的法祖，谱系和传承脉络为洪微

叟—王道坚—王鉴义—王洞章等。虚靖派的创始人
为第三十代天师张继先，名声最为昭著，谱系和传
承脉络为张继先—李德光—吴真阳—朱孔容等。灵
阳派由达观院初祖张思永创立，此派为元代玄教的
前身，传承脉络为张思永—冯清—冯士元等。

鹰潭天师府授箓院（鹰潭市民宗局供图）

天心派作为天师道的分支，以传授新符箓"天心正法"而得名。天心派创立于北宋，流传至元代，创始人是华盖山道士饶洞天，其主张修炼"天心经正法"。

南宋时期，正一派的中心转移至江西龙虎山，由此，龙虎山正一宗坛、阁皂山元始宗坛、茅山上清宗坛，共同构成道教的三大法坛。

正一派以《道德经》《正一经》为主要经典，以龙虎山为中心，以符箓斋醮、降神驱鬼为主要宗教活动，同时兼传内丹修炼和神霄雷法等。自第三十五代天师张可大被宋理宗任命提举三山符箓并御前诸宫观道教事后，历经元明几成定制，正一派取得全面持久统领三山符箓的资格，其影响地位在其他流派之上，上清、灵宝这些名门大派因为"万法归宗"，而集中在龙虎山正一道的旗帜下。由于正一天师道派不断地改革、开放，吸收其他道派或天师道支派的营养，使其成为起主导和统领作用的最大道派。

明朝初年，发生了去天师名号之事。明太祖朱元璋虽然称帝前后对道教特别是龙虎山的道士们一直礼敬有加，但对天师的称谓却不以为然。洪武元年（1368），朱元璋天下到手，正式登基称帝，第四十二代天师张正常应召入朝，朱元璋突然提出"天有师乎？！"话语不多，扣的帽子却是大得吓人。由此，除去天师名号，封张正常为"正一嗣教真人"。此后，虽然民间和天师府内继续沿用旧称，后世历代天师的封号一般皆为真人或大真人。

与此同时，朝廷设立道录司总理全国道教，将道教分为正一、全真两派来管理，两派道士度牒和职衔均不相同。由此，道教派别正式由官方划分为正一道和全真道两大派，政策决定了社会上人们对于道教派别的一般概念，并且这样的概念一直持续到现在。

二、源远流长的灵宝派

　　道教是一种启示性宗教，它将自己的经典看作天书。道经的原型被认为是一种神秘的符、图或文字，它们由"上天"所降示，将它们转译成人间语言便成了经。

　　灵宝经有众多特别的名称，如"真文""赤书""自然之文""天文""玉文""神文""玄文""灵文""大梵隐语"等，它们从不同角度暗示灵宝经非世间通行之书，而是源出天上的神奇文字。

　　灵宝派与天师道创教路径不尽一致，但都崇尚道家哲学，老子是神化的圣人，被尊称为"太上老君"，常常与"无极大道"和其他圣真成为仪式中启请的对象，这也是承袭了天师道的做法。灵宝派也同时高度推崇《道德经》，认为"唯道德五千文，至尊无上，正真之大经也""大无不包，细无不入"。

葛仙山牌楼（傅荣华摄）

樟树阁皂山（宜春市民宗局供图）

　　因灵宝派内的宗派不同，崇奉的祖师并不一致。一种说法是张陵，相传《灵宝五符经》（古《灵宝经》）系其所撰。比较通行的说法是葛玄、葛洪。在弋阳、铅山一带的灵宝派道士崇奉葛玄，以炼丹炼气保形为主旨；在上饶、玉山、德兴、广丰诸县灵宝道人则推崇葛洪，以神仙寻养法为主，兼演炼医术。

从现在存世的材料来看，葛玄贡献最早，开启灵宝序幕；葛洪贡献最大，一锤定音。因此，两位葛仙翁应是共同创派人。

首先，灵宝的重要经典《洞玄大洞灵宝经》，是葛玄于汉灵帝光和二年（179）对外托称得奉太上老君敕令的太极真人徐来勒等仙真传授才问世，从此在信徒中宣传灵宝大法和《大洞真经》。宣传灵宝大法，"其文简要，义趣弘深，难可盘举"；《大洞真经》"诵之便可升举"；灵宝符图"至尊至重"。同时，还删集《灵宝经诰》，撰成《祭炼大法》《生天宝箓》《灵符秘诀》等，上表奏闻天帝，筑起法坛。

葛洪作为侄孙和再传弟子，尽得葛玄灵宝真传并发扬光大。葛洪《抱朴子内篇·辨问》记载了灵宝经传授的早期历史。在晚年又将《灵宝经》传于侄子葛望、葛世。这成为其后族孙葛巢甫完成古《灵宝经》及早期灵宝派建构的重要一步。东晋末，葛巢甫致力于灵宝派的建设，在创立灵宝派组织系统的同时，将灵宝教义大作引申，造构新灵宝经，完成了《灵宝赤书五篇真文》《灵宝赤书玉诀妙经》《元始无量度人上品妙经》《太极真人敷灵宝斋戒威仪诸经要诀》等一系列灵宝经典。其中，《灵宝无量度人上品妙经》（《度人经》）宣扬"仙道贵生，无量度人"之旨，奠定了灵宝派的核心理论基础。由此亦可略见葛洪在灵宝派中的地位和作用，是他继承了从祖葛玄的一些道法理路，成为建构灵宝道的关键人物之一。

"江西葛仙迹为多，阁山最著"。

自从葛玄、葛洪于阁皂山修道，这里一时成为江南道教的中心之一，吸引了不少学道者前来，天下灵宝派都以阁皂山为祖庭。山上的金沙池、捣药臼、双鲤石等遗迹至今犹在。此外，南城麻姑山有葛仙丹井，崇仁有葛翁井、涤巾涧，弋阳有捣药山、葛溪，横峰有葛根，灵山有葛仙峰、葛仙坛，铅山有葛仙冢，云岗山又名葛仙山，萍乡武功山有葛仙观。

在灵宝派的发展史上，也涌现出不少有影响、有造诣的高道。除了前述葛氏族人外，庐山道士陆修静可谓厥功至伟。作为一代宗师，陆修静在改革天师道的同时，又致力于建设和弘扬灵宝派的活动。针对当时世上流传的一些《灵宝经》版本所存在的混入了《上清经》等别的经文、伪造序说，改换增添造成文字乖僻不顺、音韵不通、辞义繁杂浅薄，甚至前后次序颠倒错乱等问题，陆修静悉心对55卷本《灵宝经》一一进行辨别、整理，最后将他认为可信的道经编定为35卷，并进行敷述、阐释，编出《灵宝经目》，于元嘉十四年（437）印行，由此使得灵宝派大行于世。此外，在整理灵宝经书的同时，陆修静也关注到上清类、三皇类经书。为使它们之间不相混乱，推动道教学说的发展，他在《太上洞玄灵宝授度仪》中首次提出了洞真、洞玄、洞神"三洞"分类的概念，并视为道教经典的总汇，将自己收集到的道经加以系统的校勘整理，总括上清、灵宝、三皇三派经书，集道家经书，并药方、符图等 1228 卷（实有 1090 卷，其余的 138 卷托称"犹在天宫"）。洞真收录的是《上清经》类，洞玄收录的是《灵宝经》类，洞神收录的是《三皇经》类，编出了《三洞经书目录》。虽则该书在后世散失，但其分类系统却一直影响着后世。尤其是他既表明自己属于天师派，又承认灵宝派和上清派分别是独立的道派，三者既有内在联系又各有不同。

唐宋时期，灵宝派传播的主要地区有四川成都、河南开封以及浙江杭州、天台、温州、兰溪等地，江西主要集中在葛仙山、灵山、玉笥山、玉华山等地。

北宋是灵宝派大发展时期，既得到了朝廷的高度关注，又在全国有影响。一是三大符箓派之一的地位确定，阁皂山灵宝派与茅山上清派、龙虎山正一道，同为道教的三大符箓派，葛玄被尊奉为灵宝派祖师，封号"冲应真人"。二是赐"观"为"宫"，宋朝廷将山上的景德观赐号为崇真宫，以隆其宠。三是在《云笈七签》中，阁皂山被列为第三十六福地，誉为"天下名山，道教福地，神仙之馆"。

道教三大宗坛符箓遍天下，在江南社会具有深远影响。灵宝三箓坛曾在天下四岳设立，而阁皂山的授箓盛况更是名闻天下。著名理学家朱熹曾游历阁皂山，留下了"一派泠泠台下水，半空漠漠岭头云。祖师成道冲天去，只有无穷受箓人"的诗句。

在道教史上，灵宝派有两个特殊的贡献，是教内其他

上饶葛仙祠（飞鸿摄）

派别所不可企及的。其一是《灵宝经》宣扬以"齐同慈爱，济度众生"为宗旨的大乘主义思想，这种先度人后度己的教义，既与儒家"兼济天下"的仁政思想契合，又与佛教菩萨乘教义相通，体现了中国宗教以救人济世为本、关心社会福祉的人文精神；其二是以重视斋法仪式的研究和创设著称。灵宝派的道场科仪不仅为正一、全真等道派所吸收，还广泛影响到我国的民间宗教、少数民族宗教的仪式，乃至传统社会中的国家祭祀仪式和佛教的道场仪式。

三、传衍有自的上清派

上清经典《黄庭经》

上清派是因尊奉、传授、修习"上清"系经法逐渐凝聚成的道教团体。它的思想主要反映在所信奉的"上清"系经典之中,如《太上宝文》《八素隐书》《大洞真经》等。

上清派的创始人魏华存(252—334),任城(今山东济宁)人,道史一般称之为"魏夫人"。西晋时期,中原战乱。魏华存携家人南下来到江西,先后在临川、峡江、安福等地修炼,并担任天师道祭酒,是教内高级管理人员,位秩仅次于天师,迄今江西境内有仙姑岭、飞来石等遗迹和传说。

在早期道教史上,她是积极探索道教理论与实践方法的著名女冠,最大的成就是义疏《黄庭经》。《黄庭经》包括《黄庭外景经》和《黄庭内景经》，是道教尤其是上清派的重要经典，属于洞玄部。该书继承汉代神仙家方术，详细论述人体内诸神的内修方法，标志着以存思、内气为主的内丹修炼理论的基本成熟。

《上清经》出现以后，逐渐得到了不少信徒的尊奉、传抄和修习。南朝时，上清经法在江西、浙江一带传布开来，并在道教内部形成了一个新的派别上清派，是南北朝时期最有影响的道派之一。

此后，上清派的主要传播地虽然不在江西，但其发展的每个重要阶段，都与江西道教有着较为密切的关系。

魏华存像

东晋哀帝兴宁二年（364），魏华存的徒弟杨羲创作《上清经》31卷，传于许谧、许翙父子，《上清经》因之行世。而三传之后，其相关经籍和修炼方法，几经周折又为陆修静所得，后者遂隐居庐山潜修。由此看来，陆修静是上清派的重要传人。事实上，陆修静整理包括《上清经》在内的大量三洞经书，为上清派的传承发展做出了不小的贡献，因此上清派将他列为第七代宗师。

　　上清派的重大贡献者陶弘景，也与江西道教有关联。陶弘景（456—536），是齐梁时著名道教学者、炼丹家、医药学家。长期隐居茅山传道。他继承了老庄哲学和葛洪的仙学思想，主张道儒佛三教合流，并进一步整理以《上清经》为代表的道教经书，并据此创立了上清茅山宗，被列为上清派的第九代宗师。

　　传说，有三位女子仰慕陶弘景高超的道法医术，跋涉上茅山拜师。但他不愿收女徒而予拒绝。三人于是自行留在茅山潜心研究他的医学著作。得悉后，陶弘景十分感动，改变初衷，予以指点。三人学成南下，游历会稽、上虞等地，

江苏茅山景区矗立的陶弘景塑像

路过江西崇仁正遇此地旱魃为虐，瘟疫横肆。三人安顿下来，为民治病，挽救了不少生命。然因过度劳累，积劳成疾加之又得悉师父陶弘景去世，悲伤不已，不久也先后离世。人们将她们安葬于崇仁乌石弄边，后又在三座大冢前建"三女庙"祀之，留下一段佳话。

自魏华存以降，历经九传，到陶弘景时，上清派以江苏茅山为活动基地而形成了"茅山宗"，在齐梁至北宋间产生了较大的社会影响，成为道教著名的"三山符箓"之一，在唐宋时期担当着道教主流的角色，直至元代方又归并正一道。

上清派虽是从早期天师道分化而来的一个支派，且与当时流行的金丹派及三皇派等有着联系，但确也与天师道和其他教派有不少的不同。一方面，其尊奉的最高主神（元始虚皇天尊）、经典教义（《上清大洞真经》等）及所推崇的修行方法（存思、服气、咽津、诵经等）与众不同，另一方面，针对汉魏以来的道教多组织信徒运用暴力反抗封建王朝的现象，上清派主张维持现实生活的秩序与社会和谐。因此，不仅极大地丰富发展了道教的教理教义与修行方术，而且促进了道教向上流社会的传播，为统治阶层理解和接受。

上清派的代表性经典是《上清大洞真经》，被上清派奉为诸经之首，称为道教"三奇"之第一奇，虽然这是一部修真之书，然而对道教终极目标的论述，对人神关系的构建，对修真方法的阐发，则从不同的侧面推动了人们进一步探索宇宙、人生奥秘的兴趣，经中关于人体脏腑及气血津液的观念因多与传统医学相通，对研究道教养生学有着一定的意义。

《黄庭经》在历代皆被视为道教内养生之书，主张有思诸神，吐纳行气，漱咽津液，宝精积精，虚静恬淡，守一养神，系统地提出了有关三丹田、三黄庭、八景二十四真神的理论和相应的存思修炼方法，这不仅对上清派的形成有着特殊意义，而且对整个道教的发展也产生了很大的推动作用。

四、内外兼修的神霄派

　　神霄派，是北宋末年诞生于江西土地上的一个重要流派，是江南符箓新派的重要代表。

　　"神霄"之名，源于《灵宝无量度人上品妙经》，该经根据古代天有"九霄""九重"之说，指认其中最高一重为"神霄"，意思就是道教神仙所居的最高仙境。

　　神霄派创始人王文卿（1093—1153），抚州南丰人，自幼恭道能诗，自称"红尘富贵无心恋，紫府真仙有志攀"。在南丰与邻县宜黄交界处，有一座军峰山，这里峰险岩奇，翠竹茂林，历来是文人骚客、三教九流经常踏足的地方，自然也少不了道士们的身影。山上有座军山庙，是北宋宰相曾布奏请朝廷所建，理由是这里山上的神能出云雨、利万物。

　　在军峰山的周边，名山名观环列，与龙虎山、麻姑山、

军峰山山顶石殿

相山、华盖山、阁皂山等都相去不远。这里是符箓道派形成与发展的基地，是正一派、灵宝派、上清派祖庭所在。存在符箓派分化和创新的基础，像龙虎山天师府中就衍生出三个法派：紫微派、虚靖派和灵阳派；同时，流传于南方的内丹派也开始注意运用符咒来为内丹修炼服务，越来越多的道士在探索丹法与符咒秘法相融合的路径。

天时、地利、人和，促成了神霄派的诞生。

与许多道派创始人常常托名某某神仙降世传授真法路数一样，王文卿也是采取的这种做法，说是"遇异人，得致雷电、役鬼神之术"，而后由其弟子林灵素向朝廷举荐。

王文卿在宋徽宗时极受尊崇，神霄雷法因之显赫一时。宋徽宗是一个出名的道君，林灵素直接称他为"神霄玉清王者"，他对此很受用，册封自己为教主道君皇帝，要求道箓院上奏教门章疏时就这样称呼他。下令天下各地都要建神霄万寿宫，宫内要设坛作会。

神霄派的一个重要传人，就是第三十代天师张继先。他9岁嗣教，13岁被召进京，多次受到宋徽宗的接见，两人相谈甚欢，为他赐号"虚靖先生"。身为一代天师，他并不留恋京师的繁华和帝王的恩宠，坚持要求回到龙虎山，道君拨付银两迁建"上清正一宫"，修建天师府第，成全他潜心修道的志愿。作为天师道的掌门人，他的思想也不保守，面对新流行于世的神霄雷法，他非但不排斥，还虚心地向王文卿等人学习，相互切磋，有一首《点绛唇》词，是他与王文卿的唱酬之作，颇有意思，词曰："小小葫芦，生来不大身材矮。子儿在内，无口如何怪。藏得乾坤，此理谁人会。腰间带，臣今偏爱。胜挂金鱼袋。" 他创新性地将符法、雷法和心性修养三者巧妙地结合起来，使得正一天师道的道法提高到了一个新的境界。

南宋以后，神霄法脉流入民间，弟子多为居家之人。尽管如此，该派的弟子及其后学中仍不乏以雷法称名者，其中名气最大的是自称"汾阳萨客"的萨守坚。萨守坚，生卒年不详，号全阳子，他既是王文卿的徒弟，也是张继先的学生，积极主张并践行"绝欲忘念、持戒笃行"的理念，派系弟子是神霄派内最有影响的一支。明朝时被册封为"崇恩真君"，为神霄派赢得正一派"四大天师"中的一席，与张陵、葛玄、许逊共享尊崇。

神霄派主要修习五雷符，对外宣称行此方法，可以役鬼神，致雷电，除害免灾，这是神霄派区别于其他道派的主要特征，其理论基础正是天人合一、天人感应与内外合一说。

南宋时期金丹派南宗亦兼传神霄雷法，代表人物就是大名鼎鼎的白玉蟾（1134—1229）。白玉蟾，海南海口人，一生游历了许多道教名山大观，兼修多派法门，多次主持大型斋醮，留下了大量道教文献，堪称一代宗师。他长期在江西活动，培养了许多赣籍弟子。他在前人的基础上，对南宗的传播进行了创新性继承、创造性发展。他改变了南宗组织和修道基地，从而使道教内丹修炼成为一个有较多徒众、有一定传教地域的较大规模的教派。道教在南宋时期所以能在中国南方流传，白玉蟾的影响功不可没。他在"为国升座"主醮事时，还出现过"观者如堵"的场面，在众多弟子中，赵汝渠（铅山）、洪知常（庐山）、方从义（贵溪）、黄自如（抚州）、胡衍（吉安）、王景玄（武宁）等为江西籍本土传人。他本人获得了"神霄散吏"的道号，神霄派也因他进一步发扬光大。

元代以后，随着正一与全真两大道派统领地位的确立，神霄派作为符箓新派，主体上被归于正一派，但其内修外用的学经主张与法术实践，分别被二者继承，在中国道教史上产生了深刻而久远的影响。

五、忠孝为本的净明道

　　净明道，亦称净明派、净明忠孝道。此派系从灵宝派分化而来，为南宋新出道派中的一个重要派别，奉许逊（339—374）为教主，以南昌为活动中心。

　　关于净明道成立的时间，学术界一直有不同的看法。一种意见认为，始于南宋建炎三年（1129）周方文在临江军新喻县传法；另一种意见是，以绍兴元年（1131）何守证在洪州西山玉隆万寿宫建翼真坛为标志。

　　其实，若深加考究，上述两种说法又都不能完全令人信服。一方面，周、何二人推行的所谓净明派，在南宋中叶后就已式微，没能传开；另一方面，按照社会化人文宗教成立的标志教义教团教规以及活动来看，净明道的正式成立当在宋末元初。刘玉、黄元吉、徐整实际上是净明道开派的三代祖师，他们奉许真君为净明道师、洪厓为净明经师、郭璞为净明监度师、胡慧超为净明法师。

许逊信仰由来已久，尤其在许逊活动过的江西一带，信仰最为影响深远。从历史文献来看，许逊是东晋一位著名的道士。本是汝南（今属河南）人，后来定居豫章（今江西南昌）。起初学道于吴猛门下，修习三清法要。一度还出任四川旌阳县令，善于断案，深得当地百姓拥戴，随后又回到南昌。江西民间有许多他的传说，经典的桥段有治水擒孽龙、铁树镇妖、举家飞升等。

在我国的历史长河中，不同地区和民族都有自己的治水英雄，但论民间传说影响之大、接受香火顶礼膜拜之盛，许真君堪称佼佼者。在江西境内，萍乡杨岐山有孽龙洞，相传为许真君到此锁孽龙入洞，有《洞仙歌·萍乡孽龙洞》记其事："绿漾层波逆鳞动，只低吟幽咽，卧虎飞凫惊不定。"南昌城内有铁柱万寿宫，相传宫内池中（一作井中）有铁柱，即是许真君

许逊像

南昌净明道院福主殿（南昌市民宗局供图）

的又一锁蛟之处。当地居民，每年制铁链一条，放置殿池内。此事口口相传，已历一千余年，宫中香火久盛不衰。

把许真君神话推向巅峰的是关于他与家人举家飞升的故事。据《太平广记·十二真君传》记载，东晋孝武帝太康二年八月一日，许真君于洪州（今江西南昌）郊外的西山，举家四十二口，"拔宅上升而去"。道教最善于造神，许真君举家飞升尤为道教徒们津津乐道。于是乎，古人创造出"拔宅飞升""一人得道，鸡犬升天"的成语；于是乎，许真君成了传统社会中升仙得道的楷模和典范。

在道教神仙谱系中，许逊的地位崇高，与张陵、葛仙翁同列，也是"四大天师"之一。唐朝时，就有张蕴、胡慧超等人尊奉许逊，弘传"灵宝净明"宗旨。宋徽宗时，许逊被封为"神功妙济真君"，在民间更广泛地被敬奉。

净明道承灵宝之传统，又吸收上清、正一之学，加以改造，形成一种新符箓。它宣称其符法出自署名许逊的《太上灵宝·净明法序》，其教旨的显著特点在于以传统伦理孝悌之实践及内丹修炼为施行道法的基础，以"心性"即所谓"净明"为整个教义的枢纽。

与同时代的其他教派相比，它尤以会通儒学，强调忠孝道德实践，积极进行伦理教化为其标志性道设，要求教众必须以忠孝为本，所谓"能事父母，天尊降灵"，因此，净明道一经创立，便获得了官府的认可和大批信众的支持。

与净明道流传相关联，在江西和以江西人聚集活动的许多地方，形成了一种极具特色的万寿宫文化。

万寿宫大体上可以分为两种类型。一类是宗教性质的，这类以西山万寿宫和南昌铁柱万寿宫最为著名。西山万寿宫相传起源于许逊住宅，在其"一人得道，拔宅飞升"后，其族人在其故宅地基上建"许仙祠"以祀之，后来又改祠

位于南昌象湖景区的万寿宫（南昌市民宗局供图）

为观，称"游帷观""玉隆观"，宋代以后始称万寿宫，这里也是万寿宫的祖庭。铁柱万寿宫在南昌市区内，为奉祀许逊而建。宫左有井，与江水相消长；中有铁柱，传为许逊所铸，以镇蛟害。自唐宋以降，香火不绝。

另一类是会馆性质的，遍及天下。"九州三省有会馆，江西只认万寿宫。"至今国内 21 个省（市、区）统计到的有近 2000 座万寿宫，万寿宫每座大殿的中央都供奉着许逊，在这里他是"万民福主"与"精神支柱"，寄托着赣人对美好生活的向往和幸福的祈求。以许真君的名义，将同一地域的江西外乡人联合起来，在万寿宫内聚会、联谊，身在异乡，情同故里，共同捍灾御患，战胜所遇困难。

与许逊信仰和万寿宫文化相伴相随，又出现了万寿宫庙会习俗。这种以道教为内核的民俗文化，源

南昌李渡万寿宫三清殿（南昌市民宗局供图）

南昌西山万寿宫大门（南昌市民宗局供图）

自东晋，绵延不断。西山万寿宫庙会至今还在举办，每年农历七月廿九至八月十五日为朝圣日，十里八乡乃至外地的香客，敲锣打鼓，结队前来。庙会期间，"商贾百货之贸易，奇能异技之呈巧，茶坊酒垆，旅邸食肆，漫山蔽野，相续十余里之间"，高峰时有多达十余万人参加。

六、传承全真的伍柳派

　　全真道，亦称全真教、全真派，为金代产生于我国北方的新道教，是道教的主要流派之一。

　　全真道的创始人是陕西人王重阳（1112—1170），他于金大定年间在山东一带传道，以全性返真为宗旨，讲道处称"全真庵"，入道者为"全真道士"，故名。所谓"全真"，即全精、全气、全神。他提倡"三教合一"，主张"儒门释户道相通，三教从来一祖风"，教人读《道德经》《般若心经》《孝经》，兼采儒释道三家的经典。他主张性命双修的内丹修炼，主张功行并重，清净恬淡，无私寡欲。全真道士要断酒色财气，必须出家住观，不婚娶、素食、节欲、少睡。他重视儒家伦理，强调忠君孝亲。王重阳门下有七大弟子，号称"北方七真"或"全真七子"。入元以后，全真道成为北方最强盛的道派。

宫观彩绘《王重阳与全真七子》

　　随着元世祖忽必烈统一江南，全真道也开始了
向南方的大举传播。

　　全真道与金丹派南宗在南宋与金对峙时期，分
别产生于南北两地，它们都是以道教内炼理论为基
础，皆以钟离权、吕洞宾为始祖，只是因为两地隔
绝而各自独立门户。

　　江西早期的全真道士，主要出自金丹派南宗，
是著名道士白玉蟾的法脉。代表性的人物为吉安人
陈致虚。元朝至历年间，他拜兼承南北二宗之学的
全真道士赵友钦为师学习金丹之道，是元代后期有

名的内丹家。从修行体系来看，他本是金丹派南宗法脉，但对外却宣称自己为全真嫡传，并且极力促成南北二宗的合流，从而开启江西全真流传的先声，实则既有葛洪、白玉蟾的内丹学说血统，又直承王重阳、丘处机法脉。

还有一支就是武宁太平山广惠派。太平山位于湖北与江西两省交界处。宋末元初，武宁乡民章哲（1197—1250）从武当山学道归来，劈荒结庵于太平山，创立玄门广慧派，自称为"武当纯阳大道"。章哲在武宁功德成神的事迹影响颇大，太平山佑圣宫一年中有两个活动祭祀章哲：一是每年农历二月十九祖师爷生日。那一日宫观人员会为祖师爷洗澡换衣，有上千人上山等候分发祖师爷的洗澡水，据称有治病的功效。另一次大的活动被称为庙会，

武宁太平山佑圣宫（九江市民宗局供图）

时间是八月初一，请山下道士上山做醮。因信众的尊奉和朝廷敕封，广惠派成为武宁一带道教信仰的主流。

元明时期，从道教的格局来看，一直维持着正一道与全真道的分统。不过，形式上的合并，并未真正结束小派的独立活动或大派的重新分裂，并且在后来又分衍出许多支派。

这一时期，代表性的道士有刘渊然（1351—1432）。他是江西赣县人，早年师从雩都（今赣州于都）紫阳观赵原阳，受诸阶符箓及金火大丹之诀，旁通医术，为人治病。明洪武间应召京师，得赐号"高道"，出入禁中，与论道要。仁宗时赐号"长春真人"，给二品印诰，领天下道教事，成为全国道教领袖。其学说和法务活动游走于正一和全真之间。他的传人主要在他曾被贬谪之地云南一带，后世统称为长春派，与龙门派并行。

明中叶以后，如果说道教的总体趋势是走向衰落的话，那么就江西的全真道而言，却是异军突起、龙门中兴，在江西涌现的"伍柳派"，无疑是这一时期全真道主流龙门派的翘楚。

伍守阳（1573—1644），南昌县人，龙门派（宗丘处机）第八代弟子，是有明一代著名的内丹家和全真道士。他自幼丧父，家贫力学，十三岁以后就四处求道，先后获得金丹秘术、五雷方法和龙门密旨。先是在金陵隐修后回到家乡，在南昌、庐山传授徒弟。著有《天仙正理直论》《仙佛合宗论》，被道门中人称赞为"扫尽旁门，独标精义，诚无生之宝鉴也"。

作为道教全真道龙门派的嫡传理论家，他的思想和方法主要是直接来自他的师傅曹丕阳，具有鲜明的龙门派律宗特色。更确切些说，他的思想具有融合三教的特点。在他看来，儒释道三家的宗旨都是谈论性命之学，不同的只是所述的重点详略有所不同。伍守阳是内丹学的集大成者，强调精、气、神三者在内丹修炼过程中的相互作用。

他认为入道的标准是道门弟子的道德修养，要顺着圣人的教导行事，体现了以人为本、修仙为宗的理论趋向。他把整个内丹修炼方法，概括为"三关九要"，既浅显易懂，又可循序渐进。他还对仙、佛区隔的观点展开批评，认为说"仙言虚无，佛言寂灭"的人是"浅见寡闻"；说"仙言性命双修，佛则草言见性"的人是不懂"不见性者不成仙"的道理。

所传弟子柳华阳，洪都人，也是龙门派的中坚力量，柳华阳是先出家再入道，对于佛教典籍有深刻的认知，善于援用禅宗祖师语录以印证道教的内丹修炼之道，将佛教的名称与内丹术语加以对应解释，代表性著作有《金仙证论》《慧命经》，前者专论丹道，后者重在讲佛家修炼，但又强调二者不是对立关系。他认为性命修炼之道，佛道有异曲同工之妙，都是"正道"，他们的内丹学说在清代被称为"伍柳派"。

综合来看，伍柳派的贡献，一是打破了宗教间人为的障碍，揭示了儒释道三者在内丹学修炼中名异实同的内涵；二是将古代丹法的隐秘用浅显直白的语言揭示出来，也是流传至今的丹法之一。明清时期，全真道因伍柳派而出现了"中兴"气象。他们在继承前人的基础上，对道教的教理教义进行新的解释，提出自己的新见解，别开生面，为道教的持续发展带来新的生机。

七、流传久远的麻姑信仰

清·黄山寿《麻姑献寿图》

麻姑，是中国古代民间传说中的女仙，是一个近于家喻户晓、妇孺皆知的神话人物。

从历史文献来看，麻姑是东汉时期的建昌（今抚州南城）人。自幼好道，先后在山东姑余山、四川青城山和家乡丹霞山（今麻姑山）修道，是一位潜心修为的女道姑。

麻姑神话的出现，是在东晋时期，始见于葛洪的《神仙传》。该书主要记载魏晋以前广泛流传于民间的所谓神仙事迹，所录凡八十四人，其内容大都虚妄荒诞，真伪莫辨。据书中记载，麻姑

麻姑山风光（一）

乃天上的神人，她驾龙乘云，翱翔名山之间，且长生不老。她外貌若妙龄少女，长发垂腰，云鬓峨峨，锦衣秀服，光彩夺目，除手似鸟爪外，其余皆与常人无异。年龄虽似十八九，实际年寿已无可限量，"三见沧海变桑田"，又兼通仙术丹方，能狡狯变化，掷米成珠，活脱脱一个仙风道骨的神女形象。

毋庸置疑，任何神话都是用想象和借助想象以征服自然力、支配自然力，把征服力加以形象化而来的。

麻姑山风光（二）

麻姑传说的产生，有其特定的历史文化背景。首先，从麻姑女儿身和"鸟爪"的外貌来看，麻姑的神话传说，显然保留着远古社会女性崇拜和图腾崇拜的痕迹，而非葛洪的凭空杜撰。其次，从《神仙传》的作者葛洪情况来看，乃祖葛玄、乃师郑隐，都是神仙方术大家，自己又是早期神仙文化的集大成者，于是，把那些漫无统绪的传说加以糅合、提炼，描述出一群活生生的神话人物，建构了一个较为完备的神仙谱系，而麻姑便是这个神谱中形象最为丰满的女仙之一。

众所周知，中国神仙文化是与道教的发展密切相关的，民间诸神往往是道教中的仙真，麻姑既是神话传说中的人物，又是道教中具有一定地位的神祇。从历代道教典籍来看，在道教神仙谱系中，麻姑是一位影响较大、地位较高的女仙，位置仅次于上清派创始人魏华存。

唐朝开元年间，麻姑山道士邓紫阳奏请朝廷批准，设立以麻姑为神主

麻姑山景区大门（抚州市民宗局供图）

的麻姑庙，在道教中开创了单独祀奉麻姑的先例，
进而创立了江西乃至全国道教的一个新的宗派——
北帝派。邓紫阳在麻姑山期间，专授"北帝箓"等
经箓，最崇拜北极紫微大帝（北帝）。唐开元年间
应召入京师，被玄宗封为天师。此后，在唐朝德宗、
宪宗、武宗、宣宗、懿宗等几代君主的大力支持下，
北帝派在全国范围内传播，而其中心和祖庭便是麻
姑山，麻姑山也成为南方道教的一大重心。山上建
有麻姑仙坛、石崇观、丹霞观、灵仙观等十余处。
从此，真人修炼斋醮，礼斗飞符；官宦布衣顶礼膜拜，祭祀祈祷。

宋元时期，麻姑山仍为中国南方天师道的一个活动中心，地方官员重修了仙都观、三清殿等宗教活动场所。从宋代开始，朝廷又在仙都观设提举之职，负责管理观内各种事务。宋真宗、仁宗、神宗、哲宗、徽宗、高宗等几代帝王又大力扶持，对麻姑仙女封赐有加。

在建昌府，府县官吏每年七月七日上山祭祀麻姑成为一种定制。明清以后，在中国民间普遍流行着许多麻姑传说，影响较大的有麻姑食茯苓飞升、麻姑拾薪、麻姑献寿等三则。前两则"麻姑食茯苓"与"麻姑拾薪"，便是麻姑成仙的传说在民间流传过程中衍生出的两个版本。它们与人们的宗教民俗、世俗生活有着更加密切的关系，可以看成是民间宗教生活的一种反映和民间信仰的提炼与升华。第三则"麻姑献寿"不仅流传最广，其影响也最大。人们在祝寿时挂上一幅麻姑献寿图，或在春节时贴麻姑年画，其目的大都是为了满足人们的求吉心态，表达人们希祈长寿的愿望。

这种信仰民俗集中反映了人们对长生不老的追求和健康长寿、祥和幸福的美好愿望。

赣鄱大地，在不同时期、不同地域流传的民俗信仰，民间崇拜还有很多，有男性仙真修仰，如浮丘、李八百、谢仲初等；有女性仙真信仰，如张丽英、黄华姑、吴彩鸾等；有龙神信仰；有河神信仰；有道教的民间俗神信仰，如真武大帝、刘猛将军、康王、五显傩神、东平王等；有区域性民间信仰，如孝仙、江东神、清源真君、赖公、萧公、风火神、城隍等。

　　道教尊崇的神灵，作为超凡出尘的神仙，是虚幻的产物。然而，却与中国民间传统文化紧密相连。一方面，道教把民间俗神集中到自己的信仰中来，使其成为道教体系中的一个组成部分；另一方面，又利用自己的优势，使这些经过道教化的神灵回到民间传播善道。

第三章

自成一体的文化构建

ZICHENG YITI DE

WENHUA GOUJIAN

一、洞天福地的名山道设

"山不在高，有仙则名。"

道教自产生就与名山胜水结下了不解之缘。

按照道教的说法，洞天福地是人间仙境，在那里能得到神灵的护佑和仙人的指点，是凡人得道成仙的地方。洞天福地多以名山为主，或兼有水域，如同当下的文艺明星有"人设"一样，洞天福地便是道教的"道设"，是天下名山秀水的别称。

洞天福地的说法，始于唐人杜光庭《洞天福地记》，他把全国的名山胜地分为十大洞天、三十六小洞天、七十二福地，有"物华天宝，人杰地灵"美誉的江西占据了其中的五洞天、十二福地，数量之多，在全国也是少见的。

江西被划入洞天的五个地方，分别是庐山洞、西山洞、鬼谷山洞、玉笥山洞、麻姑山洞；十二个被称为福地的地方，分布在全省九江、吉安、上饶、鹰潭、宜春、抚州等多个地方。

千百年来，众多道士遁迹于洞天福地之中，得山川之灵气，受日月之精华，驻足修行，留下了大量的人文景观、历史文物和神话传说。随之，又催生出记述道教名山沿革、古迹、人物、风俗的文章书籍，最具代表性的便是山志。

文以山生辉，山以文增秀。

编修地方志是中国的文化传统。道教名山志作为道教名山人文魅力的载体和传播者，不仅可以进一步扩大道教影响，也保存了丰厚的历史文化资源，名山及其山志往往是紧密联系在一起的。一部山志在手，足不出户，就可与古往名士高道对话，感受洞天钟灵福地毓秀而心驰神往。

玉笥山洞，又名笥山洞，在峡江县九仙峰南彤霞谷内，属三阳之地，象八卦之形，称为太玄法乐天，又称大秀法乐洞天，是真人梁伯鸾主治之所。自秦朝以来历代都有道人活动其间。

《玉笥山志》，亦称《玉笥实录》，始编于唐，中经宋元，到明清多次增补。唐代两修，分别为令狐见尧与谢修道两位道士，宋代学者杨扶曾予补订正，俱已失传。现在存世的为清道光年间编纂刊刻，共有5卷。虽然编者的目的是"思有以进之于道也"，但在客观上保留了重要的地方历史和道教文化资料。

麻姑山原名丹霞山，位于南城县西部，主峰海拔1176米。唐玄宗开元年间（713—741），因本山道士邓紫阳奏

颜真卿书《麻姑仙坛记》碑拓（局部）

立麻姑庙而得名,洞天福地兼而有之,在九州四海中也属不多见。

山上有双龙湖、碧涛庵、垂玉亭、龙门桥、观瀑亭等名胜,以及玉练双飞、垂瀑三叠、神功泉、半月泉等自然景观。更有颜真卿楷书字碑《有唐抚州南城县麻姑山仙坛记》(简称《麻姑仙坛记》),被历代书法家誉之为"天下第一楷书"。

《麻姑山志》亦名《麻姑山丹霞洞天志》,初修于明朝,是当地进士左宗郢所为,《明史·艺文志》著录,因"名目纷然,体例庞杂"而传之不远。现在流行的是清人黄家驹编纂的十二卷本。

仙人洞位于庐山牯岭西锦谷侧,相传吕洞宾曾在此洞中修炼,直至成仙,后人为奉祀吕洞宾,将此洞窟更名为仙人洞。"天生一个仙人洞,无限风光在险峰",伟人毛泽东题咏的诗句,更使仙人洞名扬四海。

庐山是一座文化名山,也是一座宗教名山,所谓"一山藏六教,天下

庐山仙人洞入口（九江市民宗局供图）

找不到"。庐山修志历史悠久，自南北朝周景式为庐
山撰记以来，有宋陈舜俞《庐山记》、明桑乔《庐山
纪事》、清吴炜《庐山续志》、清毛德琦《庐山志》
和民国时期吴宗慈《庐山志》《庐山续志稿》。"庐
山的历史遗迹以其独特的方式，融汇在具有突出的自
然美之中"，这是联合国教科文组织专家给庐山的评语。
庐山还入选了世界文化景观遗产名录和世界地质公园。

西山在南昌市新建区境内，以逍遥山之西而得名。王勃的名篇《滕王阁序》中"画栋朝飞南浦云，珠帘暮卷西山雨"中的西山便是指的这里。由于许真君的传说，同时，受万寿宫文化的影响，西山万寿宫作为净明道祖庭，在海内外千余座万寿宫中地位尊崇，誉名海内外道教界。

记录西山万寿宫沿革、许逊事迹和净明道法嗣教情况的方志，即《万寿宫通志》，又称《逍遥山万寿宫通志》，自明朝洪武至清朝光绪的 500 年间，共经历了 7 次重要修纂或刊行，时移世易，旧版多已不存。现在传世的为清末本土学者金桂馨、漆逢源二位在旧志的基础上新编而成，于光绪四年刊行。

鬼谷山又名云梦山，位于贵溪市，因鬼谷先生到此云游讲学而得名。鬼谷山没有山志，与其相关的内容，都被记述在《龙虎山志》之中。

龙虎山位于江西省鹰潭市西南 20 公里处，是天师道发展到龙虎宗时张陵后嗣居住之地，是龙虎宗、正一道的中心，在道教诸多名山中居于重要地位，是国家自然文化双遗产地，也是世界自然遗产地。现尚保存完好的"嗣汉天师府"，是历代张天师起居之所，规模宏伟，建筑瑰丽，号称"南国第一家"。

《龙虎山志》前后编修了 4 次，初修于元代学者元明善，因"多疏浅"没有"稽古索隐"，不久就失传。二修于第四十三代天师张宇初，编成 10 卷本刊行；三修于第五十代

庐山仙人洞（九江市民宗局供图）

南昌西山万寿宫高明殿（南昌市民宗局供图）

南昌西山万寿宫大门侧的许真君锁蛟龙塑像（南昌市民宗局供图）

天师张国祥，俱已不存。目前传世的为清代道士娄近垣以一己之力编纂的《重修龙虎山志》，是为山志中的精品，对研究龙虎山和道教史具有重要价值。

灵山位于上饶市广信区东北。这里自然环境独特，地质构造复杂，地貌类型多样，山脉连绵起伏，景色瑰丽。山上有座石人殿，始建于东汉建武年间，有"秀水奇山信郡无双福地，佑民护国江南第一名神"的美誉。东晋升平年间（357—361），葛洪游历到此，先择麒麟峰结庐传道，后择葛仙峰为址，广收道徒。灵山道教鼎盛于唐宋，曾几何时，山上道教音乐悠扬，处处道士诵经之声不断，文人雅士接踵而至。明清以后日渐式微。如今，道教遗存几乎不见。灵山无山志。

翠微峰，古称金精山，位于宁都县西北郊。相传西汉时张丽英在金精山修道成仙，后宋徽宗亲笔御赐张丽英为"灵泉普应真人"。金精洞洞内洞外还保留有大量的古代崖刻、遗迹，堪称石质版山志。

阁皂山是道教灵宝派的祖山，位于樟树市东南，历来以药灵、道灵、山水空灵著称于世。灵宝派祖师葛玄在游历诸名山后，最后于阁皂山东峰卧云庵筑坛立灶，以炼金丹。自葛玄之后又有葛洪、丁令

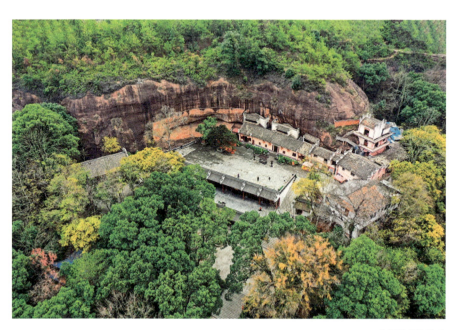

宁都翠微峰俯瞰

威、陶弘景等高道在阁皂山采药炼丹、行医布道，被称为灵宝基地。后来与金陵（今南京）茅山、广信（今贵溪一带）龙虎山并列为我国道教三大传箓圣地，有"天下名山""道教福地""神仙之馆"的称誉。

《阁皂山志》的编修起步较早，但因编者期望值过高，历唐至明都还未果，最后是明末清初大学者施闰章在湖西道分守使（驻临江）任上编纂成书。

此外，都昌苏山、鄱阳马蹄山、峡江郁木洞也在福地之列，只是名气一直不大，历史上也鲜见有道教活动。

青山秀水谁不爱，赣鄱大地锦绣多。

洞天福地本是道门中人的宣传炒作，在江西名山胜迹中，有道士活动的地方远不止这些，其中名气较大的还有铅山葛仙山、上饶三清山、萍乡武功山、乐安华盖山、崇仁相山、武宁太平山等。它们中有的是道教祖庭，如华盖山是天心派祖庭、太平山是广惠派祖庭；有的名列江南道教十大名山之一，如武功山；更有的是世界自然文化遗产，如三清山。上述诸处都是不可多得的自然与人文景观交融的名山。

三清山三清宫（林学军摄）

二、崇尚自然的宫府观院

　　道教祠神的祠庙，一般称为官府观院，是在我国古代敬天祭祖的基础上形成和发展起来的，其历史源远流长。不过大规模修建，还是唐以后的事情，得益于经济发展、社会安宁和统治者的重视。宋真宗诏令天下官府及百姓择地建观，又使得"天下始遍有像矣"。

　　顺其自然、因地制宜、依山傍水、因山就势，是中国传统建筑的显著特征，也是道家建筑的鲜明特色。以崇尚自然、师法自然的理念为指导，一些著名的道观往往都选择在林木葱郁、山峦峰谷之中，与大自然融为一体。

　　与其他地区不同，江西道教的宫观建设历史，尤为久远，"时罕习尚，唯江西剑南人素崇重"。从文献记载来看，始于汉魏，兴于唐宋，沿及明清，期间不少虽然历经兴废，但一直秉持崇尚自然之风。

龙虎山大上清宫正门（鹰潭市民宗局供图）

　　在江西道教史上，大的道教建筑群，主要有龙虎山、阁皂山、玉笥山、庐山、相山、武功山、太平山、华盖山等处，无不体现着自然之美、道教之范、中国传统建筑之魂。

　　龙虎山代表性的祀神建筑是上清宫。上清宫位于龙虎山上清镇以东、芦溪河以北，宫址所在地溪山环绕，占地面积三十余万平方米，距嗣汉天师府仅一公里之遥。初为张陵"天师草堂"，第四代天师张盛就其处建"传箓坛"，唐武宗改"传箓坛"为"真仙观"，宋真宗又改"真仙观"为"上清观"，宋徽宗再改"上清观"为"上清正一宫"。历经宋、元、明、清，是历代正一道天师禅宗演法、修行传箓、降妖除魔的宗教活动核心场所，是祖庭所在的突出象征。清康熙帝御赐"大上清宫"匾额，遂又名大上清宫，有"道教总会""神仙都所""百神受职之所"的美誉，其规模

大上清宫遗址（江西省文物考古研究院供图）

居江南宫观之冠，四方信众络绎于途。晚清重臣曾国藩慕名而至，也不禁感叹"极雄伟"。可惜 1930 年一场大火，整个建筑群被焚为灰烬，残壁断垣也映衬着民国时期道教的式微，令人唏嘘。

2014—2017 年，经国家文物局批准，江西省考古研究院与鹰潭市博物馆对大上清宫遗址进行了系统的考古发掘，取得重大成果。从考古调查、勘探和发掘显示来看，大上清宫遵照中轴线对称的原则进行布局，主体建筑沿中轴线依山势自南向北、由低渐高依次排列，周边环绕砖砌院墙，院墙外错落分布二十四别院等众多建筑。中轴线主体建筑有龙虎门、玉皇殿、后士殿、三清宫，东西两侧为主殿相对应的配殿，如三官殿、五岳殿、天皇殿、文昌殿等。在正殿玉皇殿与其配殿三官殿之间还有清雍正年间增建的御碑亭。

大上清宫遗址的发掘，在文物界、道教界和社会上产生了强烈的反响，这是我国迄今为止发掘的规模最大、等级最高、揭露地层关系最清晰、出土遗址最丰富的具有皇家宫观特征的道教正一派祖庭遗址，是宗教考古的一次重大突破，为道教研究进一步系统化、科学化提供了丰富的实物资料，也为打造大上清宫遗址公园奠定了良好的遗迹和文化基础。2018 年，大上清宫遗址发掘入选"2017 年度全国十大考古新发现"。

另一代表性建筑是天师府，它始建于宋，本为第三十代天师张继先私宅。自元代册封"嗣汉天师府"后，成为历代天师祀神和生活起居之所。天师府坐落于上清镇中部，

龙虎山天师府前广场（鹰潭市民宗局供图）

鹰潭正一观（鹰潭市民宗局供图）

南有琵琶峰，门临泸溪河，依山傍水。门内有玄坛
殿、法箓局、提举署等，大小建筑几十处，体现着"道
教祖庭、万法归宗"的地位与气势，引来四面八方
的游客、香客。

还有一处代表性建筑即为正一观。正一观起初
为张陵炼丹处，后来张盛在此建祠祀祖。五代南唐

时于此建天师庙。宋徽宗时改天师庙为演法观。明朝嘉靖年间，明世宗赐币重修，并改演法观为正一观，是道教祖庭的又一象征，有"昼夜长明羽人国"之誉。现在的正一观是 2000 年在被毁的原址上依宋代建筑风格复建的，占地六十余亩，坐东朝西，南北对称，主要包括七星池、正门、仪门、钟鼓楼、元坛殿、从祀殿、祖师殿、玉皇楼、丹房、红门、廊庑等。整个建筑群灰瓦白墙，古朴典雅，气势不凡。

阁皂山的宫观建设始于葛玄于此立坛，修建卧云庵。唐朝御赐阁皂山主观为阁皂观，到了宋代进入鼎盛，有道教建筑六十余处，"楼居压山谷，高下如云霄"。代表性的建筑有崇真宫、景德观。据文献记载，这里"环居其外，争占形胜，总为屋千百间，江湖宫观未有盛于斯者""方严广丽，如天一阁，望之宏邃，甚色为然"，被称为"神仙之馆"。元、明、清时，多次遭遇火灾复又重修，规模已远不及从前，有道是"野老寻真浑有意，俯仰山林慨古今"。现存主要建筑有接仙桥、山门、一天门、天师坛、大万寿崇真宫等，均为近年重建。

玉笥山在吉安峡江，绵延数十里，大小三十二峰，风光秀丽，气象万千。自秦代以来，历为方士、道士倾慕的地方，是双料的洞天福地。至宋代达到鼎盛。这里有上清二宫；开明、冲虚等二十一观；梅仙、麻姑等二十四坛；等鹤、百花等十一亭；杜真、鸣琴等十二台。其中承天宫有精思、老君和灵宝三大院落，道士多达五百之众。不仅宋代仁、

庐山仙人洞（九江市民宗局供图）

徽二宗先后赐额，还下令于此设金箓斋醮，一时风光无限，与龙虎山、阁皂山比肩齐名。元人揭傒斯《玉笥山歌》中写道"大江之西洞庭东，三山鼎峙争长雄；玉笥嵯峨与天通，千回万转重复重"。这里自然景观与人文场景交相辉映。2022 年，玉笥山被评为国家 4A 级景区，不过道教建筑大多已经不存。

　　庐山的道教宫观不少，最知名的有两处。一是仙人洞，因吕洞宾于此修炼得名，洞中建有一石制殿阁纯阳殿，洞亭苍色的山岩下，依山邻壑建有一斗拱彩绘、飞檐凌空的殿阁楼老君殿，歇山式的单层建筑，庄重而又灵巧。另一处是太平兴国宫，始建于盛唐，原名九天使者庙，宋时改名为太平兴国宫，得到朝廷的赐额、册封、免税等恩宠。宋代名相寇准有《题庐山太平兴国宫》诗行世。另有江州通判叶义问八卷本《庐山太平兴国宫采访真君事实》，这是庐山道教史上最完整翔实的一部宫观志。

崇仁相山的道教建筑群是江西现存规模最大的古建筑群，也是中国古代祭祀礼制的杰出代表。

相山既有自然神崇拜，又有真人崇拜，千百年来保持不变，自然神主要祭祀北极紫微大帝，属于星斗崇拜一类，真人崇拜主要是梅福、栾巴、邓紫阳、叶法善等四位曾经在相山修行且有功德之人。

相山神庙祭坛

相山道教建筑群中有神道阙、神（老）庙、祭台、新殿、保安观、万福宫、仙缘观等，其中最古老的是神道阙、神庙、祭坛。神道阙、神庙、祭坛是汉代道教建筑的一个整体，全部用块石垒砌而成。整个遗址规模宏大，犹如一座宫殿。主体部分占地5000多平方米，有正殿、东偏殿、金柜井等，展示出古代工匠高超的建筑艺术与技巧，也体现了建造者天人合一的思想，石砌建筑与周边环境融为一体。

武功山道教历史久远，山上教派驳杂，与道教有关的建筑，计有坛9处、庵18处、宫3处、观7处、阁7处。还有一些未名的亭、道院、灶、庐、台、祠等，"星列棋布，远或数十里"。从时间上来看，始于三国魏晋，唐宋是一个高峰，而明代最盛也最完备。从区域分布来看，分为金顶、山北、山南三大板块。金顶位于武功山最高峰白鹤峰山顶，有古祭坛、白鹤观等古迹。古祭坛共有4座，朝向各异，是江南地区唯一以石头为材料搭建的圆形穹顶式建筑，虽处海拔近2000米的风口处，却历经千载屹立不倒。相传这里为葛玄、葛洪修身炼丹、羽化成仙之地。因此，也是上清、灵宝、正一、净明、金丹等宗派的综合祭坛。北山建筑群在芦溪境内，由紫极宫、葛仙观组成。这里古木修竹，偃盖檐牙，号称"天居胜境"。南山建筑群在安福，大小建筑四十余处，其中图坪、箕峰与集云尤为密集，图坪的建筑均依山傍水，其三殿门、广济宫、太极宫遗址，迄今犹存，有"江右福地"之赞。箕峰的宫殿"竖以良本，

武功山金顶古祭坛

缭以石垣，金碧辉煌，相映左右"。集云观的名头也是不小，曾引得明朝著名旅行家徐霞客慕名前往。

太平山，又名丝罗山，因"山形五龙团顶，云气盘结，离奇万状，君峰环绕如丝罗"而得名。山麓由钟鼎山、鹤山、龟山、北极山诸峰组成，山岭狭长，山体险峻，林木茂盛，泉瀑甚多。山中有吕洞宾《题钟鼎山石壁》，诗云"还舟已就去升天，石室留题记万年。问我身从何处去，蓬莱顶上会神仙"，留下仙人洞、仙人渊、仙人石等名胜。山水之间，极高明亭、龙井、枯楂溪、云棋峰、雷岩、三仙坡、榔梅、义栎、鹿跑泉、孟姥潭、葫芦石等景观错落有致。主体道场佑圣宫，始建于宋理宗年间，整个宫观分为天乙佑圣宫和万福宫、万禄宫、万寿宫、巡山殿五大部分。岁月更替，几度兴废，佑圣宫已被当地列为重点宫观和文物保护单位，是重要旅游目的地。

华盖山是自然与人文景观的有机结合体。山上既有峰岩、洞、石等胜迹七十余处，风物奇秀，自然天成，又有许多布局严谨的观坛宫堂，并配以楼台亭阁。这里的道教建筑，可以追溯到隋朝以前，不过最兴盛的时期还是明朝。山上有玉亭、南真、仙林、桥仙（后改称崇仙）四观，三仙正殿最知名，"形体庄严、规制宏丽"，号称"蓬莱仙境"。其中以崇仙观最为宏大，观前有三道大门，然后依次是御香亭、三仙殿、敕书阁、丹房，在一条中轴线上。观之前后左右，又有元都门、福地门、真武阁、万法坛等依次排列。同时，还有各种祠、庵、亭、桥、关等镶嵌其中。从如今的残垣断壁遗迹中不难发现，那些大大小小的建筑，都是依托着自然环境而存在，高处建阁，峰回路转处设亭，临水为榭，僻静之处造馆，建筑形式与自然环境相辅相成。至于叠山、垒石、引水、聚池、架桥、修路、围篱、设门等，无一不是人工建造活动与自然环境具体结合的产物。

三、祈福禳灾的法事科仪

　　作为社会化的人文宗教，道教有一套自创的活动运行方式，有其特有的仪规。既有神秘的宗教色彩，又时刻体现着消灾祈福的生命追求，这就是道教的仪规——符箓与斋醮科仪的特性。

　　符是符箓派道士们最常用的法术，将所谓神力以"符号"的形式呈现，作为天神的指令，以之遣神役鬼、镇魔压邪、治病求福。据说起初是张陵在四川鹤鸣山创道时造作符书。东汉晚期兴起的太平道与五斗米道，开始大量使用和造作。至魏晋南北朝时期，符的使用更加广泛并已变为带有宗教色彩的图案文字，字体艰涩难认，形式日趋神秘。由于天师道，尤其是正一、上清、灵宝三派的兴盛，画符成为历代道士的重要技能，是修道者与上天对话的媒介和渠道。

　　箓文的创始，传统的说法是依托于太上老君，其实也是张陵首创。作用之一是作为记录天神的名册，另一个功能就是道师们施行法术的牒文，通常可以佩戴身上，以避邪、护身、保命，又称为"佩箓"。道教的典籍称"经箓"，道徒入门，只有通过"授箓"才能获得道士资格，受戒的凭证称为"箓牒"。符箓通常连称，又称"丹书"。

在长期传习符箓的过程中，道门中人创造出纷繁的符箓道法，造作了众多的符书，所创符箓难以数计，样式千奇百怪，主要有复文、云篆、灵符、符图等。

在道教宫观内，人们常常看到道士们身着金丝银线道袍，手持各异法器，吟唱着古老曲调，在坛场里翩翩起舞，犹如演出一场折子戏，这就是道教的斋醮科仪，俗称"道场"，谓之"依科演教"。道教的法事活动由古代的祭神仪式承袭和发展而来，早期只是直诵经文，并没有音腔，直到魏晋南北朝时期，才出现了"华夏颂""步虚声"等道乐腔调韵律。

斋仪是道教的基本元素，不过在早期的道教中不仅不系统不完备，而且被指为原始、粗鄙，三张天师道时仅有所谓"指教斋""涂炭斋"等。真正把科仪制度建构起来的是陆修静，在他看来，斋戒是修道的入门关、下手处，是"立德之根本，寻真之门户"，无德之人也是无法成仙得道的。为此，他提出了"九等十二斋法"，将当时诸道派斋法汇成一个整体，使得道教在宗教形式和外部特征上形成了一个共同体，对道教斋法的坛场布置和仪式流程，诸如步法、经诵、仪仗、卦象等都做了详细的规定，进而提出"斋法、斋体、斋义、斋意"的四要素学说，由此也成为道教斋仪的集大成者。后世道门中人皆依仪而行。

科仪是道教习用的术语，常常与斋醮连用，称为斋醮科仪，用来笼统地指称道教的宗教形式。但若分开来看，则斋与醮不同，斋醮与科仪又有区别。在历史上，科仪比斋醮的含义更广泛，是对道教的经诰、戒律、规范、礼仪等多方面的统称。道教的斋醮连称，流行于宋以后，就其历史源流而论，醮是斋的演变。

醮是祭祀的别称，道士们祭祀神祇的仪式，叫作"醮仪"，它来源于上古时期的祭坛，如《楚辞·九歌》巫觋们从"东皇太一"起祭到"礼魂""送神"为止。道教的醮坛之仪，

元·张渥《九歌图》中的东皇太一

初创于张陵,历经寇谦之、陆修静历代高道不懈地收集、整理、改革而臻于完善,有《云中音颂新科之诫》《箓图真经》《太上正一阅箓仪》《道门科范大全集》行世。到了明代洪武年间,敕令礼部拟定统一的科仪格式,即《大明玄教立成斋醮仪范》,天下宫观道士一体遵行。此后,清代龙虎山上清宫提点娄近垣又整理编辑斋醮科仪 12 卷,辑集成《黄箓科仪》,成为近现代科仪的通行范本和基本遵循。

显然,从现代的视角和科学的精神来看,道教的法术科仪大体上都是无法用实验科学来印证的。它是在中国传统社会落后的生产力背景下,在本土宗教发展需求的历史文化情境中,所产生的特殊的文化符号和宗教表达。宗教是神学,一切宗教共有的特点之一就是神秘。而深受中国传统文化影响的道教,笼罩着浓厚的神秘云雾,是其与生俱来的特质所决定的,也是新时期道教发展进程中需要思考解决的问题。

然而,撩起那些云山雾罩的神秘面纱,我们又惊叹地看到文化的另一面,那就是其中所蕴藏的传统社会人文主义思想和散发出来的科学技术知识光芒。早期的天文学家、化学家、医学家、生命运动专家……许多都是从道士队伍中走出来的。人与人之间的相亲,利我利他;人与自然之间的和谐,天人合一;人对长久生命力的追求,生生不息。道教的一些理念在现代社会仍然不失其应有价值。

四、致力传承的道书编修

　　道教初创时期，其经书还不多，主要是《老子五千文》，重要的还有《老子想尔注》《太平经》《周易参同契》等。魏晋以降，随着道教的不断发展，道士创作、编纂道书的风气大行，体现着道教的教理教义，涉及天地、阴阳、五星、十支、实异、神仙以及符箓、针灸等诸多领域。

　　然而，这些道书不仅水平参差不齐，又往往自为神秘，所谓自然天书神明降授，有道即见无道即隐，造成真伪混杂，颠倒舛错，纷互谬乱。出于学习的需要和文献保存的意识，对道书加以系统整理就成为十分必要之事。

　　为了道教的传承和发展，以东晋葛洪，南朝陆修静，宋朝王钦若，明朝张宇初、张宇清、张国祥三代天师，清代娄近垣等为代表，江西学者和道门中人前赴后继，长期致力于道教资料的整理和宣传，为道教武库的丰富作出了积极努力，取得了显著的成效。

第一代的编纂整理人是葛洪。葛洪一生致力于道教理论与实践的建设，儒道兼综，学识渊博，擅于著述。除著《抱朴子》116篇外，还著有碑诔诗赋100卷，移檄章表30卷，神仙、良吏、隐逸、集异等传各10卷，著述篇章宏富。与此同时，又抄录《五经》《史记》《汉书》及道教相关典籍等310卷，如《太平经》因《抱朴子·遐览篇》引用而流传，道教的经典从此有了天降符命的成书法则，开启了道教典籍收集整理之先河。后世史家盛赞葛洪："绅奇册府，总百代之遗编；纪化仙都，穷九丹之秘术。"

作为南天师道代表性人物和上清派宗师，在庐山脚下太虚观（亦称简寂观）修炼的陆修静对道书整理居功至伟，他

葛洪《抱朴子》古籍书影（一）

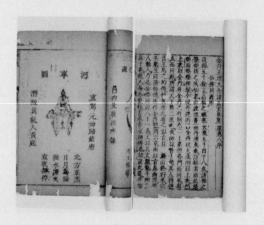

葛洪《抱朴子》古籍书影（二）

率先提出"三洞"分类法，并付诸实践。他将自己收集到的道经加以系统校勘整理，总括上清、灵宝、三皇三派经书，分为洞真、洞玄、洞神三大类，集道家经书，并药方、符图宝经类，于泰始七年（471），编出了《三洞经书目录》，这是道教史上第一部堪称完整的经书目录。陆氏编撰的《三洞经书目录》虽已散失，但其分类系统却一直影响着之后《道藏》的编纂体例。

《道藏》是道教经典总集，是按照一定的编纂意图、收集范围和组织结构，将能够搜集到的所有道教经籍编排起来的大型丛书。自陆修静"三洞经书"总目刊行后不久，在"三洞"的基础上，孟智周法师又补上了"四辅"（太清、太平、太玄、正一的总称），合称"三洞四辅"的分类法。道教经书自唐玄宗时纂修成藏后，经唐末五代战乱，受到破坏。

然而，野火烧不尽，春风吹又生。

随着北宋的统一，重编《道藏》的工作引起朝廷重视。宋真宗时，命官拜宰相的著名学者王钦若编纂《道藏》。

王钦若（962—1025），临江军新喻（今江西新余）人，是一位著名的历史学家，北宋四大部书之一《册府元龟》的总编修。王钦若以前人徐铉领衔编修的《道藏》3737卷为底本，又遍搜天下道书经认真核对后，新增622卷，形成《大宋天宫宝藏》，这是道教史志学建立的重要标志。不久，宋真宗命著作佐郎张君房依据《大宋天宫宝藏》"分

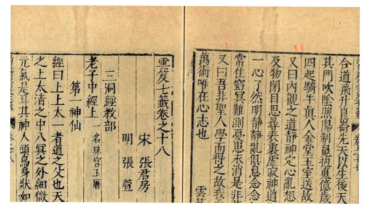

《云笈七签》古籍书影

门别类，取其精华"编成《云笈七签》，为道门初学者学习指明门径，《四库全书总目提要》称此书"类例既明，指归略备，纲条科格，无不兼该，道藏著华，以大略具于是矣"，具有极高史料价值。元代，宋版《道藏》俱毁，《云笈七签》则保存了下来。

永乐年间，明成祖为了彰显太平，便组织人力物力开始编纂大型类书和丛书。在编纂《永乐大典》的同时，也启动了《道藏》的编纂工程，并且把任务交给第四十三代天师张宇初和其弟张宇清。张宇初是第四十二代天师张正常的长子，是历代天师中最博学者之一，有道门硕儒之称。个人著作就有《岘泉集》《道门十规》等，深得永乐皇帝信任，由他来主持编修正是深得其人。第四十四代天师张宇清，名号虽然没有哥哥大，但也是位博学之士，著有《西壁文集》。

在张宇初去世后，他接过兄长未竟之业，经过 40 年的努力，于正统十一年（1446）编成刊印，后人称之为《正统道藏》，共收道书 1400 余种，共成 480 函，5305 卷。涵盖周秦以下道家子书及汉魏六朝以来道教经典。

《正统道藏》编成后一百余年间，又有一些新道书问世，加之发现有明代以前道书遗漏未载，故而明神宗于万历三十五年（1607）令第五十代天师张国祥续刊。张国祥是一位热心道教文化建设的高道，他在自己天师任内，曾补写《天师世家》、辑录《龙虎山志》。受命以后，迅速组织一批道门中博学之士，以尊经弘道的精神，努力行事，终成"续藏"。

《万历续道藏》共 32 函，180 卷，补收道书 57 种。至此，《续道藏》共收入各类道书 1476 种，5485 卷，分装成 512 函，经版 121589 块，各种典籍都按"三洞四辅十二类"的分法编排，这是道教发展史上的重大文化工程。所谓"十二类"，亦称"十二部"，即本文类、神符类、玉诀类、灵图类、谱录类、戒律类、威仪类、方法类、

张宇初像

众术类、记传类、赞颂类、章表类。这是一种既反映道经传授系统，又反映道书实际内容的双重标准分类体系。

删繁就简三秋树，领异标新二月花。

清代以后又进行了几次大的编纂活动，指导思想总体上都是删繁就简。既有道门中人的前赴后继，也有许多专家学者的孜孜贡献。于是，《道藏辑要》《道藏提要》《道藏精华》《道藏子目引得》《道藏源流考》等源源而出。近年，在国家宗教管理部门的支持下，以旧的《道藏》为蓝本的《中华道藏》《中华续道藏》又相继印行。

无疑，《道藏》的经文奥奇神秘，篇幅浩繁，但也为后世比较准确地弄清道教的性质、社会特征以及历史发展过程，提供了一个异常丰富的源泉。道书的编纂整理印行对于道教的流传和发展是一个历史性的贡献。

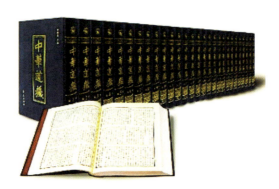

今人在古本《道藏》基础上整理重修的《中华道藏》

五、天地有情的道教文学

　　道教的活动及其传说故事，是古典文学创作的重要素材。小说、诗歌、戏曲在在有之。

　　在中国四大古典名著中，《水浒传》开章明义的楔子，即是"张天师祈禳瘟疫，洪太尉误走妖魔"，说的是宋徽宗时天下瘟疫横行，洪太尉奉旨来到信州龙虎山上清宫，宣请第三十代天师张继先（虚靖先生）赴京祈禳瘟疫。不

《水浒传》开篇即讲述一百单八将从龙虎山上清宫伏魔之殿地穴中冲出的故事

料天师避而不见，洪太尉因怄气打开石碣，移开石龟，一股黑气冲天，竟放走天罡地煞星一百单八个魔君，即《水浒传》中一百单八条好汉。故事至今为人津津乐道，许多游客香客慕名前往龙虎山镇妖井一探究竟。

鲁迅先生《中国小说史略》说："中国本信巫，秦汉以来，神仙之说盛行，汉末又大畅巫风，而鬼道愈炽，一会小乘佛教亦入中土，渐见流传。凡此皆张皇鬼神，称道灵异，故自晋迄隋，特多鬼神志怪之书。"比如《山海经》《神仙传》《搜神记》《太平广记》《封神演义》《西游记》《聊斋志异》《阅微草堂笔记》等。

在志怪小说的创作群体中，不仅有江西的道门中人，有的还是著名的文人学者，其中影响较大的有葛洪《神仙传》、胡慧超（？—703）《十二真君传》、洪迈（1123—1202）《夷坚志》、邓志谟（1559—？）"安仁三记"、乐钧（1766—1814）《耳食录》等，虽然很多志怪小说中表现了浓郁的宗教思想，但也保存了一些具有积极意义的民间故事和传说。

以《夷坚志》为例，它的书名就很有寓意，据作者自述，是出自《列子·汤问》，将其书比作《山海经》，将自己比为传说中的人物夷坚。其取材繁杂，凡梦幻杂艺、冤对报应、仙鬼神怪、医卜妖巫、忠臣孝子、释道淫祀、贪谋诈骗、诗词杂著、风俗习尚等，无不收录，大多神奇诡异、虚诞荒幻，却也有不少故事反映当时的现实生活，有的属于轶闻、掌故、民俗、医药，为研究宋代社会生活，保存了不少珍贵资料。从文学发展史上看，是宋代志怪小说发展到顶峰的产物，是自《搜神记》以来中国小说发展史上的又一座高峰，对后世产生了极大的影响。

邓志谟，饶州安仁（今鹰潭余江）人，是明代的一位高产作家，以志怪和传奇小说闻名，著有《铁树记》《咒枣记》《飞剑记》《花鸟争奇》《山水争奇》等十余部，尤以《铁树记》《咒枣记》和《飞剑记》最著名，被称为"安仁三记"。《铁树记》二卷十五回，全称《新锲晋代许旌阳得道擒蛟铁树记》；《咒枣记》二卷十四回，全称《锲五代萨真人得道咒枣记》；《飞剑记》二卷十三回，全称《锲唐代吕纯阳得道飞剑记》。统观三部小说，作者塑造了三个理想化的神仙形象，既写他们修炼成仙从而达到长生不老的经历，渲染他们奇妙的法术变化和瑰丽的生活方式，又写他们驱妖除邪行道扶正，有比较广阔的社会内容。尤其，三部小说的结构方式又都是一致的，即标准的道教创仙思维方式——"谪降—修道—重归仙班"结撰。

乐钧，临川人。他的《耳食录》是作者

邓志谟"安仁三记"中《咒枣记》的主角萨真人

摄拾琐闻，反映社会风俗、市民生活的创作，内容包括僧道神仙、鬼怪妖魔、商贾农工、官吏士绅的传闻，他的艺术成就在于继承中有创新，形成了中国式的情趣和理趣有机结合的意境。其影响虽然不及蒲松龄《聊斋志异》，却也跻身全国一流志怪小说行列。

江西是一块盛产诗人的沃土，咏道诗是其中重要内容。代表性人物有陶渊明、陆修静、白玉蟾等。

陶渊明以田园诗著称于世，同时也是道教文学的代表性人物。受家族与地域文化影响，陶渊明与

明·仇英《桃花源图》（局部）

道教的关系很深，他的许多文学作品都有深深的道教文化烙印。他的千古名篇《桃花源记》就是主要以道教思想构造的一个理想太平社会，"鸡犬相闻，老死不相往来"。在他的《归田园居》《归去来兮辞》等诗章中，"借问游方士""井灶有遗处""人生似幻化""终当归空无"等充斥着道教色彩的语句随处可见。一些学者甚至认为，著名的志怪小说《后搜神记》也是出自其手。

陆修静是南朝刘宋时期道教集大成者、上清派宗师，同时也是一位风流俊雅、才华横溢的饱学之士，一生著述宏富，对道教文学的贡献极为醒目。他创造了"步虚词"文体，这是道教举行斋醮时唱诵的一种曲调和诗体，是一种典型的道教音乐文学，代表作有《升玄步虚章》《灵宝步虚词》《步虚词章》等，通过陆修静的创作、整理，步虚词成为道教斋醮科仪中不可或缺的内容，也成为一种特色鲜明的道教文学体裁，在弘扬道教文化中发挥了特别的作用。数百年后，苏东坡路过他的修炼遗址，也不禁感怀，挥毫写就《佚老堂》凭吊："我从庐山来，目送孤飞云。路逢陆道士，知是千岁人。"

白玉蟾是高道中游仙诗的高产作者。他在江西修道期间，遍访赣地道教名山，广结各派道士，写下了164首诗。古人评其诗"清空缥缈""雄博瑰奇"，以"垂露涌泉之笔"相誉，其七绝诗《早春》被收入传统蒙学经典《千家诗》，"南枝才放两三花，雪里吟香弄粉些。淡淡著烟浓著月，深深笼水浅笼沙"，在民间影响广泛、流传久远。

与道教兴盛相关联，盛产文学名士的赣鄱土地又推动了道教题材的散文创作，尤其是可叙事、写景、状物，抒发感情的"记"，自六朝获得文体生命后，在唐宋时大盛，催生出许多大家名篇。代表性的有颜真卿《有唐抚州南城县麻姑山仙坛记》、周必大《临江军阁皂山崇真宫记》、胡铨《洞岩讲座记》、文天祥《龙泉县太霄观梓潼祠记》等，其中，颜真卿《有唐抚州南城县麻姑山仙坛记》因其"天下第一楷书"大名，反使其在道教文学中的地位和影响不彰。周必大《临江军阁皂山崇真宫记》不仅是道教文学和《阁皂山志》中的杰作，也是江西文学史上的散文名篇。

道教与戏曲的关系极为密切，道教活动中有一种道情戏，它是道士采用敲渔鼓、击大简板的说唱方式来宣传道义的一种普及性民间宣传活动。明清时期，在每年的以许真君崇拜为主题的万寿宫朝拜活动中，"开朝""南朝""西抚""香会"等朝仙活动，大体上也都是采取这种方式。

道教戏曲的重头戏主要有两大类：一类是传道度人的，如马致远《邯郸道省悟黄粱梦》《汉钟离度脱蓝采和》，在元杂剧中很有代表性；另一类是演述神仙断案的折子戏，如吴昌龄《张天师断风花雪月》，写的是书生陈世英与桂花仙子在中秋之夜相遇相恋的故事，其中一折专写张天师为男主人公陈世英驱妖治病，通过做法场、念咒语、施法术，把风花雪诸仙神召来审问，最后判桂花仙子返回玉兔伴嫦娥，同时也治愈了陈生的病，实质上是反映道教戒律实施的一些情况。

与此同时，道教戏曲理论与戏剧创作也应运而生。代表性的作品有朱权《太和正音谱》与汤显祖的"临川四梦"。

朱权（1378—1448），字臞仙，号涵虚子、丹邱先生，自号南极遐龄老人、臞仙、大明奇士，为明太祖朱元璋第十七子，著名道教学者。永乐时移藩南昌，为躲避政治风波而投入道门，拜第四十三代天师张宇初为师，在西山建观修行，造诣精深。不仅著有《天皇至道太清玉册》，全面阐述个人对道教义理、源流、经典、神仙、道术、科仪、典制的理解，同时以鼓琴啸歌，编写杂剧为乐。著有《太和正音谱》《琴阮启蒙》《神奇秘谱》《琼林雅韵》。

《太和正音谱》分上、下两卷，列有"乐府体式""古今英贤乐府格势""杂剧十二科"等八章，不仅是中国古典戏曲理论史上的要籍，也通篇贯穿了"神仙道化"思想。从"杂剧十二科"的科名来看，分别为"神仙道化""隐居乐道""披袍秉笏""忠臣烈士""孝义廉节""叱奸骂谗""逐臣孤子""拔刀赶棒""风花雪月""悲欢离合""烟花粉黛""神头鬼面"，是全套的神仙剧。

汤显祖的文学思想深受道教影响，面对仕途受挫和万历年间的朝政腐败，他感叹于"生死虚空一暮朝，由来得道始逍遥"。反映他戏曲理论思想的代表作——《宜黄县戏神清源师庙记》，就深深地打上了道教思想的烙印，认

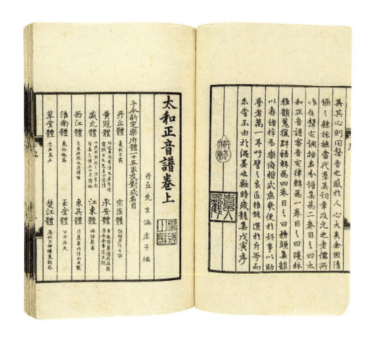

朱权《太和正音谱》古籍书影

为戏剧的力量和作用，在于能够"生天生地，生鬼生神""极万物之途，攒古今之千变"，人们创作的生活积累与艺术修养，"动则观天地人鬼世器之变，静则思之"。他的"临川四梦"篇篇都与道教有关。开篇之作《紫钗记》写有"游仙"一节，反映上流社会求仙慕道之风。代表作《牡丹亭》中有石道姑修宅祈求禳除鬼魅，杜丽娘死后，她看守红梅观，为其做道场的情节。收官作《邯郸记》更是一个典型的度脱剧，讲述吕洞宾度卢生成仙的故事。

　　当然，作为一代文学巨擘和"东方的莎士比亚"，汤显祖的艺术创作水平的高度和对现实社会隐喻而深刻的批判，在传统社会中是一座难以逾越的巅峰，他的《临川四梦》虽然受到了志怪文学的影响，却又是其他志怪文学所无法比拟和企及的。以《邯郸记》而论，此剧的外结构明写吕洞宾对穷困潦倒郁郁不得志的卢生赠送玉枕，让他在梦中风光无限享尽荣华富贵，同时也受尽风波险阻，终因过度纵欲而亡。一梦醒来，店小二为他煮的黄粱米饭还未熟。在神仙点破后，卢生幡然醒悟，抛却红尘，随吕洞宾游仙而去；内结构确是借着虚妄世界的故事对明代社会官场政治进行深刻的鞭挞和无情的嘲讽，这也正是他极高明的过人之处。

六、顺应自然的堪舆学说

　　堪舆，又称风水、青乌相地术、青囊术、地理相宅术、形法等，是中国古代沿袭至今的一种择吉避凶的术数，其核心思想是对人的居住环境进行选择和处理，以追求心理和生理上的满足。

　　按照许慎《说文解字》的解释，"堪"原指天道，"舆"原指地道。天在上而高，地在下而卑，天地覆盖，是为堪舆。由此引申，则仰以观天象，俯以察地文。

　　堪舆的起源很久，上古时期就已出现。传说皇帝时期有个叫青乌子的人就很善于相地理，葛洪说青乌子就是彭祖的弟子，也是姑妄言之姑妄听之。有后世史家考证，青乌子确有其人，推测是南朝时的人物肖吉。

　　从文献和考古资料结合来看，西周时期就有"卜宅""相土尝水"和择城、相宅、相墓之举。战国秦汉时期，经过方士们推波助澜，开始为社会所关注。不过，正式成为一门学问还是在东晋以后，由大文学家和被道门中奉为仙人的郭璞（276—324）作了系统化和理论化的贡献，《山海经注》《穆天子传注》《游仙诗》等皆出自其手。

从本质上看，堪舆是古代先民们为着生存的需要，追求活时舒心、死后安心而发展起来的，也不是什么道教的专利。但是，经过实践与总结，把堪舆灵活而广泛地运用，使其自成体系，道教确有自己的努力和贡献。道教堪舆形成了一套自己的程序，具有规范的步骤，即寻龙辨脉、察砂、观水、点穴、立向等。

从历史来看，江西不仅出天师，江西的地师也很有名。道教的堪舆与民间的风水，往往是相互学习相互补充相互影响，扯不断理还乱，总体上并没有实质性的区别。

唐朝以后，风水意识由过往主要在上层社会流传，尤其是帝王之家的"秘术"，开始向民间社会发展，并且形成两大流派。一派强调"形势""峦体"，以赣南人杨筠松为代表，亦称形势派、赣派；另一派侧重"理气之法"，即理气派、闽派。

杨筠松本是窦州（今广东信宜）人，在朝为官，最高职务是金紫光禄大夫，掌灵台地理之事，也就是首席风水官，对堪舆的造诣显然不是一般。后因黄巢起义，为躲避战乱，而举家迁到虔化（今江西宁都），并世代居住了下来。作为一代大师，他的风水学说，既讲形势，又讲理气，有自己一套成体系的思想理论和相地实践，不仅是风水形势派祖师，也是风水理气派的先驱。

杨筠松在赣南从事堪舆活动的同时，还做了两方面的事情，一是扶贫救困，赢得"杨救贫"的称号；二是培养人才，带出了许多弟子，最为杰出的是曾文辿、刘江东、廖瑀等几位。他们大力传承发展杨筠松的风水实践与理论，不仅打造出一个世代相传的风水学基地，而且使赣派风水推广到南方多地，进而影响全国。

明清时期，朝廷御用的风水师中，不少就是出自江西，奠定明朝十三陵基础的永乐长陵，奠定清朝西陵基础的雍正东陵等，都是赣派传人的杰作。这一时期，涌现出廖均卿、曾从政等风水名家，全程参与皇宫紫禁城和地宫十三陵的卜选，皇家的重大堪舆事项基本上都是采用江西派理论，选用江西的风水师。

此外，在江西堪舆史上，还有一支重要流派即宜春派，它的第一代代表人物是南唐时期自号"慕真"、长修长生炼化之术的何溥，他著有《灵城精义》一书，上卷论形气，下卷论理气。婺源江湾古镇萧江开基，就是他的杰作。元末明初，他的后人何野云不仅应召参与奉安朱元璋孝陵以及永乐长陵的工程，而且在广东潮汕一代的民间被封神，号称"虱母仙"。

如今，在江西境内被称为风水学活化石的村落主要有两处，一处是赣州兴国三僚村，另一处是宜春丰城的白马寨。

　　三僚村是一个北南西三面环山的小盆地，唐朝末年，杨筠松、曾文辿、廖瑀卜居于此，为三僚的开基祖。村内保存龟蛇相会、曾氏砂手、蛇形祠、虎形墓、七星池等经典，明清两代一村供职于钦天监的就有数十人，专司皇家堪舆职事。迄今非物质文化遗产有杨公戏、华佗戏、方神戏、真君戏等。

　　白马寨在南宋时开基，全村都姓杨，是否与杨筠松同宗，未经考证，难下断言。明朝崇祯年间，

赣州兴国三僚村

宜春丰城白马寨

名臣杨应祥请得崇祯帝赐名"上点村",精于风水的他精心规划组织施工,村寨空间格局依据"八卦图"精心设计而成。

从现代的文化视角来看,无论是道教还是民间的堪舆活动,尽管有许多不合时宜的地方,但强调生态平衡、注重生活环境之考量也不失其参考价值。

第四章

通古达今的人生智慧

一、重道贵生的伦理思想

在传统社会里，身体发肤，受之父母，不敢毁伤，这是孝；不偷盗，不取非义之财，不妄语诽谤他人，这是德；道教伦理与儒家思想有许多相同之处，但也有不少独到的闪光点。

人生的旋律，如行云，或明或暗，或高或低；似流水，有前进有回流，有顺境有逆境。其实，一切宗教都是关于人生的哲学。相对而言，道教是迄今为止对生命最为关注的中国传统宗教。

道教的伦理思想源于老子的《道德经》和张陵的《老子想尔注》。《道德经》是以"道"和"德"为中心概念展开的理论体系。老子哲学的最高范畴是"道"，它兼具宇宙本原和秩序法则双层含义。作为秩序法则之"道"，老子把它分为"天道"和"人道"，即自然法律和人生准则。

二者的关系是"人法地，地法天，天法道，道法自然"。

张陵的《老子想尔注》，继承并创造性地拓展了老子的学说，《道德经》中"公乃王，王乃大"，在《老子想尔注》中修正为"公乃生，生乃大"。把"生"与道、天、地并列，作为"域中四大"之一，并在自注中说："生，道之别体也"，认为"生"是"道"的表现形式，主张"学生"，即学习长生之法。生命源于自然，人们对待生命的态度是贵生、重生、乐生。

在道教看来，人与人之间的关系是一种特殊的生命关系，"欲修仙道，先修人道"。欲入道门，先学做人，要孝顺父母，安守社会公法，要广施"仁德"于天下。同样的道理，人对其他飞禽走兽，昆虫草木乃至一切宇宙之物也要存仁慈之心，"常行慈心，慰济一切，放生度厄"。所以《太平经》说"天道恶杀好生"，《度人经》说仙道贵生，无量度人，共同强调的都是人与人之间、人与社会之间、人与自然之间的和谐相处。

在道家伦理思想体系中，起指导性的原则精神主要体现在以下两方面。

其一是自然无为，这是道家伦理的核心准则。"道"是《道德经》的核心思想，而"道"的重要内容就是"无为"，道法自然。所谓"为无治，则无不治"，"我无为而民自化"，清净无为。显然，自然无为正是基于万物皆有生命、宇宙生命相互依存的思想引发出来。道家的"无为"，并非消极避世，无所作为，而是按"道"行世，处世立命，顺从事物之自然，不违背事物运行的自然规律，摒弃妄自作为。这是一种生存处世的大智慧。

其二是劝善教化，这是道家伦理的实践要求。道是内心的修养和道德实践活动，修养心性品德的标准，是学修"道"一样的德行，清静寡欲，柔弱不争，精神不要为外物所累，要广行善举，利物济人，积累功德。

因此，不仅几乎所有的道教典籍都涉及伦理道德问题，包括那些阐述丹功法门的书籍也都夹杂着伦理戒规。作为一种具有道德特质的文化现象，道教劝善书虽然不像内丹修炼之类著作那样充满神奇色彩，但在民间却拥有较大的影响力。明清至民国时期，《三圣经》成为去恶从善的传统蒙学读物，功过格这种原本属于道士逐日登记行为善恶以自勉自省的簿格成为民间行善劝诫的指导书。

难能可贵的是，在"生死有命，富贵在天"的儒家学说大行其道的传统社会里，道教的思想家们发出了"重道贵生"的呐喊，并且努力地去加以实践，成为道门中的人生格言，对道教乃至整个传统社会都产生了重要影响，这是一种积极进取的处世态度和人生选择。面对未知的世界，应该充满着向往和追求，而不是以消极的情绪得过且过，做一天和尚敲一天钟。

从道教思想发展史来看，道教的生命观大体包含三个方面的意思：其一是生道合一。人来源于道，这是道教的

三清山风雷塔（上饶市民宗局供图）

一个基本主张，也是道教区别于世界上其他宗教的一个重要命题，即所谓"道生一，一生二，二生三，三生万物"。其二是重人贵生。万物之灵，以人为贵。在人的生命面前，无论是帝王之尊还是富有天下都是微不足道的，"宁为活老鼠，不做死帝王"，乐生、好生是道教基本的人生态度。其三是我命在我。强调对生命的自我控制、调节，充分发挥生命管理的主体意识，努力超越有限生命的极限。其四，"贵己之生，必先贵他人之生；贵人之生，必先贵万物之生"，这是对生命认知的升华，蕴含的是齐同慈爱、天人合一的人生观与价值观。

　　道教"重道贵生"的伦理思想是一种人格完善的追求，通过"性命双修，内外呼应"的形神技术操作，来涵养道德，

三清山石刻反映了道教顺应天道、以德养生的思想

升华境界。

毋庸讳言，"以德养生"在表层上是依据一定的社会伦理规范来保养精神和形体，贵生是人的本能，把外在的肉体健康与内在的精神世界贯通起来即是修行。但从更深的层面来看，却蕴含着顺应天道以尽心知性的生存哲学理念，是以人为本的中国传统文化思想的道教表达，"道大，天大，地大，人亦大。域中四大，而人居其一焉"。

在现代社会，道教文化所倡导的强烈的生命意识，对完善人格的实践探索和自成一系的人格完善理论，都是我们传统文化武库中的宝贵资源，仍有重要的借鉴作用。概括起来就是：人生可贵，生命神圣，生生不息，唯愿长生；性命双修，正己化人，度己度人，济度众生。

在生活节奏逐步加快的现代社会中，一些人由于工作紧张、事业不顺，产生了悲观情绪，甚至丧失生活信心，如果能够接受"我命在我不在天"的思想熏陶，对于振奋精神、珍爱生命来说，应该是有裨益的。它有助于人们在现实生活中树立积极向上的人生观，提高自我的生存能力和服务社会的能力。

二、自然无为的管理之道

　　在相当长的时间里，不少人认为儒家是入世的，而道家是出世的，这其实是一个很大的误会。

　　道教作为一种社会实体与文化现象，本身是复杂的。一方面，道教根据《道德经》"长生久视"，追求长生不老的生命境界。延年益寿，羽化登仙，是其最基本的宗旨。另一方面，道教又主张"欲修仙道，先修人道"，积极入世，以实现人间社会的太平安康为理想。

　　因此，道教既是追求生命之道的文化，同时也蕴藏着深刻的管理之道、行政之道、治国之道，是主张身国同治的文化。

　　在道教经典的语境中，"道"是宇宙天地间万物的本源和根据，是"虚无之系，造化之根，神明之本，天地之源，其大无外，其微无内，浩旷无端，杳冥无对"。同时，道教又强调"法道行政"，提出"天子乘人之权，尤当畏天尊道""至心信道者，发自至诚，不须旁人自劝"。

道教的管理之道，概括起来一句话，就是：自然无为。

在道家思想体系中，"自然"与"无为"既有联系，又有区别。如果说自然是人生与社会中行动所应遵循的一种原则，是"功成事遂，百姓皆谓我自然"，是"道之尊，德之贵，夫莫之命而常自然"，是"以辅万物之自然而不敢为"的话；那么，"无为"则是实现"自然"价值的途径与方法，是"天道无为，任物自然，无亲无疏，无彼无此"，是"自然之道不可违，因以制之"，是"天地无为也而无为也"。

汉代初年的统治者，接受了道家学说，在治国理政的实际活动中，推行"无为而治"，轻徭薄赋，与民休养生息，劝民农桑"以德化民"，开创了历史上的"文景之治"，这是道教管理学说的一次成功实践。

在现代社会的治理中，道家的"自然无为"思想与管理之道仍然闪烁着智慧的光芒。许多中外成功的企业及其创始人在谈到自己的发展经历时，都多次谈及道家的管理智慧对他们的影响。

一是行不言之教。谈到企业管理，人们往往首先想到的是如何完善规章制度，如何布局管理体系，如何费尽心思地去掌控全体员工。道家的管理思想却独辟蹊径，强调"道法自然"，"无为"才能"无不为"，《道德经》说："是以圣人处无为之事，行不言之教。"《淮南子》说："人主之术，处无为之事，而行不言之教，清静而不动，一度而不摇；因循而任下，责成而不劳。"因为"仁者之行道也，无为也；圣人之行道也，无强也"。用现在的话来说，就是要求管理者"行道"时既不要随心所欲地去做（无为）也不要脱离客观实际地勉强去做（无强），而要顺其自然，因势利导，严格按照客观规律办事。

"行不言之教"首先体现在管理的"道法自然"上，强调顺应规律，不去进行过分的人为干预，"我无为，而民自化；我好静，而民自正；我无事，而民自富；我无欲，而民自朴"。要给员工自化、自正、自富的权利，给员工自我发展的机会，激发其自身的创造性。只有这样的管理，企业里才可能出现领导在与不在员工都能自觉工作的情形，使得员工能看到自身的价值,调动他们自身的积极性。其次，企业领导者的"无为"，就是在企业中形成一套有效的管理机制，规范人们的行为，使员工自觉地围绕着企业管理的目标运作，就像地球围绕着太阳运转一样，用制度管人胜过于牧羊式的人管人。

二是君逸臣劳，即所谓"君无为而臣有为"。《庄子·天道》就有这样的论述："夫帝王之德，以天地为宗，以道德为主，以无为为常。无为也，则用天下而有余；有为也，则为天下用而不足。故古之人贵无为也。夫上无为也，下亦无为也，是下与上同德。下与上同德则不臣。下有为也，上亦有为也，是上与下同道。上与下同道则不主，上必无为而用天下，下必有为为天下用。此不易之道也。"因此，要求企业决策上应"有所为，有所不为"，要求管理者在"小事"上有所不为，在"大事"上有所为，只有在"小事"上有取舍，有所不为，才能在大事上有条件有所作为。用现行管理科学的语言来说，就是领导者要善于抓大放小，事无巨细、事必躬亲的领导并不一定是好领导。要善于充分调动下属和广大职工的积极性与创造性，"用人不疑，疑人不用"，大力选拔和使用年轻有为的干部。在现代科学管理体系中，这叫充分授权，分级管理。

三是"不敢为天下先"。典出《道德经》，原话是"我恒有三宝，持而宝之。一曰慈，二曰俭，三曰不敢为天下先。慈故能勇，俭故能广，不敢为天下先，故能成器长"。这里的慈是关心下属，俭是生活简朴不追求奢华，不敢为天下先是指在名与利的面前要甘为人后不走人前，要学会谦让，否则就是自取灭亡，这也是实行"无为而治"的领导者必备的品德修养，须具备谦下不争后天下之乐而乐的品德。

作为企业管理者，位高权重很容易产生自以为是、唯我独尊等不良心态，在名与利的诱惑面前把持不住，所以牢记持守谦下、处柔守弱、上善若水之德尤为重要。道家主张"生而不有，为而不恃"，"万物归之而不为主"。在现实社会中，高明的领导人对待人才应时时处下，对待名利要事事居后，不要随意显示自己的高贵，不要乱用自己的特权。作为企业的管理者，应该是品德高尚的人。做企业不是为了个人名利，而是要造福社会、回馈社会，唯其如此，企业家能因之实现自己的人生价值，所谓"上善若水，水利万物而不争"，唯其不争，所以"无尤"，企业才会有持久的生命力。

在道家语境中，"无为"是一个涵盖着深刻含义和博大智慧的哲学语汇，它既不是"什么也不做"，也不是"没有行动"，而是"避免反自然的行为"。既然"自然"是"道"的本体，同时也是"道"的本性，那么为人处世，就要处无为之事，行无言之教，不敢为天下先，最高境界就是"上善若水，水利万物而不争"。所以，核心要义是"以正治国，以奇用兵，以无事取天下"。

自古以来，我们的祖先一直推崇将"上善若水"与"厚德载物"作为处身立世的准则，力求像水一样，以自己宽广深厚的胸怀、美好的品行来承载、包容、造福万物，二者有异曲同工之妙。"上善若水"典出《道德经》，而"厚德载物"源于《易经》。道教文化与儒家思想对民族精神的影响由此也可见一斑。只有处世有方，才能做到管理有道。

道家管理思想的核心理念就是注重人性，以人为中心，尊重人、发挥人的主观能动性。现今的企业管理讲究人性化管理，以人为本，重视人在企业中的作用，把人尤其是企业人才视为企业的宝贵财富，这种理念本身与道家管理思想中的人本思想是一脉相承、紧密结合的。当然，我们所提倡的古为今用，不是全盘吸收，而是提炼吸收其中的精髓，不断思考、辨别，加以创新，将其根深植于现代企业管理中，不是一味地寻求其中现成的答案。

道家管理思想提出的初衷是教导帝王如何去治理国家，但是其中的一些思想对于现今的企业管理者来说，仍是值得学习和借鉴的。

三、形神兼具的艺术表现

道教艺术是道的一种载体，是道教生活艺术化的反应。

在中国的艺术史上，道教艺术占有自己的一席之地，尤其在书法、绘画与音乐方面。

道教的书法源于画符。符箓作为道士用来"召神劾鬼"的一种手段，自不可信，但道教的"云篆天书"是在篆体汉字的基础上创造出来的，看起来像云彩一样，充满了神秘的气息，通过研究可以发现它通过点、线的组合来表达一定的心理冲动，具有书法艺术思想萌芽，故而它是一种具有抽象意义的书法艺术。

历史上许多高道都能写得一手好书法。

葛洪的书法就很有可观，其所书"天台之观"飞白迹被北宋大书法家米芾称为"大字之冠，天下第一"。张宇初的书法也是享誉天下，其书风遒劲古朴，自成一家，有《书

黄庭經
上有黄庭下有關元前有幽關後有命門
噓吸廬外出入丹田審能行之可長存黄庭
中人衣朱衣關門壯籥蓋兩扉幽關俠之
高巍巍丹田之中精氣微玉池清水上生肥靈

王羲之楷书
《黄庭经》

札》《宋拓黄庭经》等传世。

另有道教经籍本身书风绝佳，成为后世书法名家传承与临摹的经典。比如上清派宝典《黄庭经》真迹早已不存，现存皆为后世临摹本。相传，如王羲之、颜真卿、智永、欧阳询、虞世南、褚遂良、赵孟頫等无不潜心临摹，从中汲取创作营养，泽及书坛千年。

有人说，"古人以画名家由释道始"，这是颇有道理的，也是中国传统文化的一大特色。

道教绘画造诣很高。从表现形式上来看，一般分为两大类：一类是壁画，一类是文人道画。

受历史因素和自然条件的影响，道教壁画名作现今存世的不多，主要集中在北方地区，代表性的有山东泰山岱庙天贶殿和山西永乐宫三清殿、纯阳殿、七真殿内的巨幅画制，皆是宋元时期的杰作，也是珍贵的历史文化遗产。

文人道画数量之多、成就之高、影响之大，在中国美术史上更是大放异彩。晋代顾恺之，唐代吴道子、张素卿，宋代武宗元、张渥，元代颜辉，明代吴伟，清代金农，近代张大千这些画坛巨匠，都有不少道教题材的传世佳作。

从创作体裁来看，道教绘画通常也分为两大类：一类是人物画，一类是山水画。

道教人物画也称神仙画，虽然所绘的都是道教传说和供奉的仙真，但由于历代文人、道士画家在创作理论与实践中的不断探索与总结，形成了一套完整的道教人物绘画理论，如顾恺之《画云台山记》、郭若虚《图画见闻志》、周履靖《天形道貌画人物论》、蒋骥《读画纪闻》等关于道教人物画创作的阐述，对中国绘画中人物画的成熟和发展起到了促进作用。

尤为值得称道的是，道家追求的与自然合一，恬静、淡泊、玄远，对中国山水画的影响是深刻而久远的，同时也造就了以刘道士、方从义、牛石慧等为代表的江西籍文人道画（国画）名家。

刘道士为江西进贤人，生活于五代十国时期，其俗名和生卒年已不可考，与同时期画坛巨匠巨然一僧一道，共同师事于同乡董源门下，"工画佛道鬼神。落笔遒怪，尤善山水"，师徒三人是南派山水画的代表性人物，他们的作品深得米芾称道。刘道士的代表作为《湖山清晓图》。

方从义（1302—1393），字无隅，号方壶，龙虎山上清宫正一派

元·方从义《高高亭图》

道士，江西贵溪人。作为一位道士画家，他的画风在元代画坛独树一帜，"笔致跌宕，意境苍茫"，笔下的景色多是冷漠、幽闭、尘俗绝少的地方：高山奇峰、深谷幽涧、古树老屋、野水孤舟，给人以深沉、奇特和苍凉之感。他的作品颇多，现今存世的山水画作品有《高高亭图》《武夷放棹图》《神岳琼林图》等，被誉"画山水极潇洒，无尘俗气"。

　　牛石慧（1628—1707），字秋月，道号望云子，江西南昌人，系著名画家八大山人朱耷之弟。起初为僧，后转而为道，隐居于南昌市郊青云谱。牛石慧擅长花鸟，优工于人物山水，用笔粗犷简练，锋芒毕露，颇有乃兄之风。代表性作品有《蕉叶兰草图》《黑猫》《鸡鸣》等，其声名虽不及乃兄，在清代书画史上仍然占有重要一席。

　　作为我国宗教音乐乃至传统的民间音乐的重要组成部分之一，道教音乐具有鲜明的文化内涵和独到的艺术特质。

清·牛石慧《蕉叶兰草图》

　　道教音乐亦称道场音乐、法事音乐，是与道教的各种法事活动紧密相连的。在不同的法事活动中，音乐出现的方式不同、演奏曲目不同、表现形式不同，是道教仪式中不可或缺的内容，在烘托渲染宗教气氛的同时，给人以艺术的感染力。

　　优秀的道教音乐往往能拨动人们的心弦，令人陶醉。像《太极》《山有木兮》《蓬莱仙韵净天地神咒》《南清宫》《玉皇赞》《二郎曲》《仙家乐》等，不仅对道教信众有着广泛而深刻的影响，也为普通艺术爱好者所欢迎。

　　道教音乐的出现大约是在南北朝时期（420—589）。高道寇谦之在改革北方天师道时，改诵经"直颂"为"音颂"，从此斋醮诵经便有了音乐的内容。他所创作的"八胤乐"，对天师道音乐向正规化的发展起到了积极的推动作用。陆修静也是推动天师道音乐发展的领袖人物，他以葛巢甫所撰《灵宝斋》为基础，编撰出"九斋十二法"，从理论上将音乐、仪式和修道术结合为一个体系，编创了大量科仪经书及丰富的经典曲目。早期的代表性作品有《华夏颂》《步虚辞》等。前者是在道教仪式开坛前行中吟咏的一种音韵，后者则多是对神仙的颂赞之词，一般是五言、七言，长短不拘，视法事的需要而定。

　　唐、宋两代是道教音乐发展的鼎盛时期。相传唐玄宗李隆基，著名诗人贺知章，高道司马承祯、李会元等都是道乐高手，为后世留下了《霓裳羽衣曲》《紫清道曲》《玄真道曲》《大罗天曲》等有影响的艺术精品。宋代崇道尤盛，太宗、真宗、徽宗都是编写道乐的高手。尤其是宋徽宗御制了我国现有最早的一部道乐总集《玉音法事》，并且选拔全国宫观道士进京演习道乐，他们吸取了宫廷音乐和民间音乐的精华，渗入道教信仰的特色，形成道教音乐独特的艺术风格，是我国传统音乐的重要组成部分。

　　道教音乐也分声乐（韵腔）和器乐（曲牌）两大类。声乐是道教音乐的主体，是在各类法事活动中讽经、念咒、诵诰、咏唱发展而成的歌腔，俗称"韵子"。声乐的体裁主要为"颂""赞""偈""步虚"等，有独唱、齐唱、

龙虎山天师府道教音乐演奏场景（江西省非物质文化遗产保护中心供图）

念白等形式。独唱一般由教内位置较高的高功、都讲担任。器乐可分为耍曲、正曲、法器牌子三大类别。道教音乐中所用的乐器主要包括大铙、小铙、大镲、小镲、铛子、手铃、大木鱼、小木鱼、大鼓、小鼓、大铁磬、小铁磬、小铜磬、笙、管、笛、箫、琵琶、二胡，其中大多为打击乐。器乐形式一般在法事的开头、结尾、队列变换及唱曲的过门等场景时使用。

道教音乐按其活动范围和表演风格，可分为在家和出家两类。前者多出现在乡村集镇的各类民间斋醮仪式中，音乐风格清新活泼、欢快明朗，具有浓郁的生活气息（俗乐）；后者多出现在道观日常修行法事的祀典活动中，音乐风格庄重沉静、典雅悠缓，具有浓厚的宗教气息（仙乐）。

道教音乐的一个显著特点是注重内容和形式的有机统一。道教法事的内容名目繁多，因而在做法事时，尤为注重因于法事的不同内容而采取相应的音乐形式和音乐组合，甚至在同一法事进行的不同阶段中，或优雅恬淡、缥缈清越，或庄严威武、喜庆欢乐，都是大有讲究的。

道教音乐的另一个特点是具有地方性。同一内容的法事虽采用的主旋律相同，但在行腔、旋律装饰方面，又总是各自发挥所长，注意吸取地方上为百姓所喜闻乐见的音乐表现形式，进而形成自己本地的道教音乐特色。

江西的道教音乐主要体现在龙虎山天师道道教音乐之中，而天师道道教音乐的发展史就是一部不断吸收、融合江西民间音乐来丰富自身的历史。龙虎山地处江南吴楚之间，民间音乐丰富，受吴歌和西曲交互影响。除江西民歌、小调、曲艺、赣剧音乐外，还广泛吸收了昆曲、江南丝竹、苏南吹打等民间音乐之精华，形成了"上清韵""弋阳韵""牌子曲"等独具特色的龙虎山道乐。在音乐风格、音乐表现、音乐创作等多个方面，呈现出浓郁的赣鄱文化特色，逐渐由虚无玄妙的"仙乐"向雅静甜美、乡音淳厚的"俗乐"转化。

根据江西省文化部门发布的资料，龙虎山天师道音乐目前存世的有经韵曲目126首，器乐曲牌、法器曲牌23首。其中一曲多用、一韵多曲的现象比较多见，而且标题与音乐内容也不都有对应关系。常用经韵曲目有《请水文》《澄清韵》《迎请师尊赞》《安龙奠土宣意偈子》《步虚（太极赞）》《净秽咒》《三宝赞》《瑶坛赞》《垂帘赞》等；常用器乐曲牌有《小开门》《小过场》《路罡调》《乙字大开门》《迎客仙》《小桃红》《山坡羊》《小工调》《龙灯调》《柳腰金》《尺字大开门》等；法器曲牌有《四界》《锣钹偈子》《三声锣》《五声锣》《九声锣》

等。2014 年，"龙虎山正一天师道道教音乐"经国
务院批准列入第四批国家级非物质文化遗产代表性
项目名录，这也表明作为传统的艺术类文化遗产，
龙虎山道教音乐正式纳入国家和社会的文化传承与
保护机制之中，也是道教艺术生命力的体现。

四、我命在我的养生哲学

　　"我命在我不在天，还丹成金亿万年"，这句话的原典，出自葛洪的《抱朴子》。这句话强调个人的生命，能由自身决定，而不是由天地掌握，这是何等的气魄和胆略，也是养生学在中国历史上能够大行其道的理论基础和力量源泉。

　　养生学发端于先秦时期，明确提出"养生"一词的是《庄子》，内有"养生主"篇，称"吾闻庖丁之言，得养生焉"。如此看来，庄子的养生学说得益于解牛的庖丁启发。同一时期，提出"养生"概念的还有《管子》。不过，在他的学说体系中不占主导地位，因而不为后世所关注。道教以"生"为道的思想，决定了道教追求长生，积极从事各种养身延寿的活动。

　　重视生命是人类共同的行为准则。要重视生命，就必须了解生命、研究生命，从而形成保护生命的理论与方法。在道门中人看来，人的生死存亡，寿命长短，不决定于天命，而在于自己。只要善于修道养生，安神固形，便可长生不死。

道教创立之初，盛行的炼养学派主要有行气、服食及房中三家，《太平广记》记载的"备受经诀"有24种之多，包括服日月精华、佩符服水、服饵草木金丹等，变化无穷。

真正从理论和实践的高度加以总结和提升的是葛洪。在道教人物中，他以尤喜"神仙导养之法"著称。他首先在理论上明确了养生的基本原则和注意事项，批驳了那些似是而非的养生谬说，指出凡是养生的人，必须要做到多闻体要、博见善择，不能偏修一门；即便做不到"得其至要之大者"，也要对"其小者不可不广知"，也就是说要众术兼修。同时，他积极宣传列仙长寿不老的事例，在所编《神仙传》中，指称古有彭祖，因修习"吐故纳新，熊经鸟申"的方法，活了近800岁，形体依然健康；《抱朴子·内篇》记载猕猴寿八百即变为猿，猿寿五百则变为玃，并且强调，自然界的一切事物都是千变万化的，变化是事物存在的普遍现象。

晚唐五代，江西丹道进入一个新的发展阶段，外丹道依然强势，内丹道也风生水起。以九江庐山、豫章西山为主的区域内涌现出诸如吕洞宾、华阳子等一批闻名全国的内外丹兼修且由重外转重内的丹道人物，从而推动养生学的进一步发展。

约于晚唐五代，名重天下的一代高道吕洞宾曾较长时期地活动于江西，积极传播内丹思想，对江西（中国）道教发展进步产生了相当大的影响。

吕洞宾号称"剑仙"，其内丹功法中，以剑法最富特色。据《桑疏》，吕洞宾游庐山时，遇五龙君传剑术。庐山是其传说中的得剑法地之一。因为练习剑法有道，《宋史·隐逸传》称他"百余岁而童颜，步履轻疾，顷刻数百里"。吕洞宾的剑法，实际上与道家练气关系密切。通过道法自然的练剑动感来调节和加速"真气"在体内的运行，增加人体对气的吞吐量，从而达到修身养性甚至长生的目的，开启了太极剑修炼的先声。

清·禹之鼎《吕洞宾》

吕洞宾著有《外丹百字吟》《内丹百字吟》，前者是讲怎样烧炼金丹，后者是讲炼气养神固精之法。

吕洞宾不仅以其活动影响广泛，成为"八仙"中最有魅力的仙道，而且以较为全面系统的内丹学说，为北宋以来内丹派的形成发展奠定了理论基础，由此北宋以后的内丹学、养生学诸家共尊吕洞宾为宗祖。

五代宋前期，华阳子施肩吾以洪州西山为活动中心，弘扬光大钟吕丹法，成为中国内丹道和养生学发展史上的重要人物。

华阳子施肩吾，字希圣，自号华阳子，溢浦（今江西九江）人。他长年隐居洪州西山，虔心求道，撰作《西山群仙会真记》，把自己对钟吕内丹学的认识以及西山道士们的内修方法进行了系统综述。全书凡五卷。卷一围绕着"识"字展开，曰识道、识法、识人、识时、识物。卷二专论"养"，曰养生、养形、养气、养心、养寿；卷三专论"补"，曰补内、补气、补精、补益、补损；卷四专论"真"，曰真水火、真龙虎、真丹药、真铅汞、真阴阳；卷五述"炼"，曰炼法入道、炼形化气、炼气成神、炼神合道、炼道入圣。其说主要出自《参同契》《周易》，同时掺杂了医家诸书之见解，主张以养性为先，次以补益精、气、神为基础，形全气壮，再炼内丹以长生，建构出较为系统的养生思想。

华阳子还基于日常生活的实践，宣扬养生原则。如指出：沐浴不可当风、多睡浊神、频醉散气、多汗损血、力困伤形等等，皆来自日常生活。值得注意的是，华阳子并没有像诸多内丹家那样偏执于内丹修炼，排斥其他养生术。他的《西山群仙会真集》不仅是内丹道的不朽之作，为西山道教开辟了一条修炼内丹的广阔大道，而且对中国的道教养生也有相当积极的影响。由于有了华阳子的特别贡献，洪州西山也成为唐宋时期中国内丹道和养生学的重要基地。

从道教养生思想发展的脉络来看，道教的养生思想极为丰富，概括起来，主要有以下四个方面：

一是道法自然，清净无为。一切要从尊重生命的自然规律出发，虽然有成仙不死的愿望，但养生的具体操作还是在于理性把握生命现象的自然呈现，守持正一，不为物累。

二是趋利避害，颐年尽数。顺应天地阴阳影响，四时变化的有利条件，避免饮食、情绪或四时气候的有害影响，始终是养生的根本原则。颐养天年，活到应有的寿限，这是道教养生最平实可行的目标。

三是阴阳平秘，脏腑协调。"人之生本于阴阳之气"，阴阳平秘是健康长寿的基本条件，脏腑坚固，精气藏守，人便能健康长寿，这是因为"人之有生，藏气为本"。意念是形体生命的展现，所以，"修身以得神，安心以全身""使形神相亲，表里俱济"。

四是先天后天，天人和谐。先天不足者，可以通过后天调养来弥补而达到健康长寿。先天禀赋不错，如果后天失调，也难保健康无虞，后天调养是维护健康长寿之关键。

道教养生内容丰富，法门众多，所谓"方外有方，法中有法"，经过后人的不断总结归纳，可以分为五大类。

一类是精神养生。精神是人体的主宰，包括精神和情趣两个方面，大到思维、情操、胸襟，小到喜怒哀怨心理调控。"性之造化系手心，命之造化系手身"，性命相依，命为重。清静、内观、坐忘、存思、存神、守一是重要的法门。胸怀、情志、雅趣各有妙处。比如七情之病，看花消闷，听曲消愁，胜过服用一切药物。

二类是形体养生。形体是生命的核心，包括脏腑和形体，前者以五脏为核心，以维持脏腑功能稳定协调为目的；后者则主要通过肢体运动、锻炼，达到疏通经络，调理气血的效果。比如脱胎于内丹术动功的太极拳，不仅体现了"清静天下正""柔弱胜刚强""反者道之动"的教理教义思想，而且源自一代高道张三丰的"太极十三势"，融养生、护身和艺术于一体。

三类是起居养生。这是养生的基础，包括环境、四时、起居、房中禁忌的行为。理论依据是《周易参同契》"动静有常，奉其绳墨，四时顺宜，与气相得"。

四类是气法养生。气法包括服内气、服外气与胎息。丹法分内功、外功。《黄庭经》《悟真篇》《金丹正宗》都是高堂讲章、修炼要籍。

五类是饮食养生。如饮食、服饵、药膳都归于此。饮食文化博大精深，口腹之欲不可放纵，食戒食忌、食宜食益、

道教饮食养生的"药膳"多用于病症调理

食疗食养不可不讲究，草木服食，神仙药酒及汤羹、药粥各有其妙，但最基本的一点，还是"人体平和，惟须好将养，勿妄服药"。

在人类发展的历史进程中，健康长寿一直是各民族各种族共同追求的美好愿望。中国是一个有五千年文明史的世界文明古国，相对于世界上其他地区的养生文化而言，华夏民族的养生理论与实践尤为博大精深。除了道家之外，还有儒家、佛教及诸子百家，他们各有所长，汇集了我国劳动人民防病健身的众多方法，闪烁着东方智慧的光芒。

现代的健康概念是包含身体健康、心理健康和社会人际关系处理良好的一种综合型概念。如何在弘扬道教养生传统的基础上与时俱进，充分尊重、适应、利用现代物质文明和精神文明的成果，贯古通今、古为今用，道教的养生智慧可以为今人养生提供知识借鉴。

五、救己济人的医学法系

道医是中医的重要组成部分，是祖国医学的宝藏。《黄帝内经》《神农本草经》是道门长久以来授受不绝的中医要典。

中医理论的形成，受到了儒家和道家的双重影响，其中以老子为代表的道家对中医的影响尤为深远。中医治疗关注人的精气神，讲究辨证施治，其医学主张的思想理论基础就是《道德经》。

由于道教组织最初是在兵荒马乱、瘟疫流行的东汉末年产生的，当时的道门领袖面临的基本任务是如何治病救人。所以，要吸引信教群众，就必须能为百姓看病，尤其是对那些疑难杂症更要有办法排除。以张陵、张鲁为代表的道门领袖们特别注重基于消除瘟疫和对抗疑难杂症为形式的以医传教。

在中医和道医史上，许多重要人物和有影响的事件都发生在鄱湖之畔、赣江之滨。

著名的杏林典故，便发生在江西。

三国时期，侯官（今福建福州）人董奉（？—307）长期在庐山修道。他不仅擅长符箓、化形之类神术，而且医术高超，医德高尚，与华佗、张仲景并称为"建安三大医"。他为人看病，分文不取，但要求病患种植杏树，重症治愈者每人五株，轻者每人一株。数年之后，已经种下十余万株，成了一大片杏林，成为一段千古佳话。从此杏林成为中医的代名词。据说，庐山山民们感念董奉功德，好煮杏仁粥，把它称为"真君粥"。山上的太乙峰、山下的太乙村、民间中药"太乙散"都是为纪念他而命名。在道教的神仙谱系中，董奉被封为"昇元真人"。

葛洪对道医的发展影响很大。他不仅采药炼药悬壶看病，治愈患者无数；著有《金匮药方》100卷，《肘后备急方》4卷，对伤寒、温病、狂犬病、结核病、天花等的发生和流行详加介绍，开创道家编纂急救良方的先河，体现以济世为民为原则，以"救急、方便、实用"为特点；同时把身体与国家对应起来，从而建立起"身国共治"的生理观与疾病观。他说："夫爱其民所以爱其国，养其气所以全其身。民散则国亡，气竭则身死。死者不可生也，亡者不可存也。"这种人天一体、家国同构的思维方式虽然在其他医学流派中也有存在，但以道教医学最为突出。他还是

清光绪本《葛洪妙方集》

最早提出治未病的人，"治未病之疾，医之于无事之前"，他的这一医学思想，对一代医王、同时也是著名道士孙思邈产生了重要的影响，后者提出"上医治未病之病，中医医欲病之病，下医医已病之病"，进而形成要重视预防疾病与日常保健的思想。

魏华存对道医的贡献也极为突出。由她定本的《黄庭内景经》既是道教经典，又是道医宝典。该书以七言体形式描述人体脏腑功能，以三丹田与黄庭宫为枢纽存思黄庭，炼养丹田，积精累气，以求长生。内中所谈到的人体生理，多与中医相通。三丹田学说对后世人体气功学、养生学有很大影响。练功时，注重脑（上丹田）、心（中丹田）、脐（下丹田）之气下行，沉于下丹田，是运气存气的始点和归属。存养丹田，保气炼精，正是上清派练功强体、养生长寿的法门。其重视大脑的作用，更是与现代医学不谋而合。

唐朝时，宜春来了位蔺道人（约790—850），在乡间为村民们把脉问诊悬壶济世，后来收了位当地人做徒弟，留下一部《仙授理伤续断秘方》，该著介绍正骨的手法和方药，奠定了骨科辩证、立法、处方和用药的基础，是我国现有最早的伤科专著。

在江西乃至中国的中医药史上，著名的"樟树医学"和"建昌医学"与道教都有不解之缘。

拉开"樟树医学"序幕的是张陵。东汉和帝永元三年（91），张陵隐居阁皂山西峰，炼丹、制药、看病一条龙，开启樟树医学及制药先河。随后，葛玄、葛洪等历代高道传承不断。樟树人采集炮制中药材世代相传，掌握了许多秘传妙法，无论是炒、浸、泡、炙，还是烘、晒、切、藏均有独到之处。明清以后樟树成为著名的南国药都，享有"药不到樟树不齐，药不过樟树不灵"的美誉，至今境内外仍有不少完好的炼丹井、洗药池、古观、药庙等胜迹。

"建昌医学"的创立，道教北帝派发挥了重要作用。邓紫阳以麻姑山为中心，创立北帝派，使得麻姑山成为全国道教名山。同时，他特别重视丹功养生的《黄庭经》修习静思服气之术，以符水为人治病，至于丹砂硫黄之类则置而不论。邓紫阳之后，他的侄子邓德诚、侄孙邓延康及后裔邓道才、邓道苗、邓启霞等继承其衣钵，修炼、行医两不误。

宋元至明清时期，是江西中医学最兴盛时期，涌现出陈自明、危亦林、龚廷贤、黄宫绣等中医名家。与此同时，道士出身的名医也不乏其人。其中名气最大的要数赵宜真和娄近垣。

赵宜真（？—1382），元末明初道士，号原阳子，江西安福人。他几乎经历了道教当时各大派别的传承，既与清微派、长春派、天师道渊源深厚，又是"净明道"第四代掌教，拥有《原阳子法语》《灵宝归空诀》《仙传外科秘方》《道法会元》等多部著述。他精通医术、济世利人，被时人所重，乃是一代名医。他的事迹被载入《古今图书集成》之《医部医术名流列传》。他的《仙传外科秘方》计11卷，对各种

民间供奉的药王木雕像

痛疽的临床症状、病因及治疗作了详尽的阐述并强调要及早治疗，是传统医学在治疗痛疽外科方面的专著，具有很高的应用价值和历史影响。后被追赠为"崇文广道纯德原阳赵真人"。

娄近垣出身道门世家，自幼随父亲到龙虎山修道。雍正年间奉召进京，除了设坛礼斗，还兼代为人看病。一次，雍正皇帝生病，先由白云观道士贾士芳出诊，不仅没能治好雍正的病，还被扣上大言妖妄的罪名处斩，一时御医们人人自危。娄近垣挺身而出，治好了雍正的病，被封为四品龙虎山提点、钦安殿住持。传闻恭亲王曾将他延至府邸，讨教养生之术，则称帝王之家锦衣玉食已是神仙；见餐桌上有红烧猪肉，便笑说"现在吃红烧肉就是绝好的养生，何必还要找寻其他的什么偏方秘籍"。他受到当时人们的尊敬，被称颂为是真正学道的人。

治病需要药物，道教医学实践者在具体的行医与养生实践中，不仅认真总结历代的本草成就，而且大力寻

清·风行者《雍正行乐图》中
道士形象的雍正

"建昌帮药业"亮相麻姑文化节

求新的药物资源，在历史上出现过不少具有创造性的药具和丹药。如葛洪《抱朴子·内篇》中"仙药"与"登涉"等篇记载了许多丹药治病偏方；陶弘景《肘后百一方》也有丰富的丹药疗方。尽管有不少追求长生不老的人因服食丹药而伤命，但丹药在客观上开启了化学药物治病的先河。

道医不是道教，它是在祖国传统医学和道家理论与实践的推动下，由教内宫观道士学者、教外道家学者一道，以道利生，以医济世为手段而演化出的医学流派。它横跨道教与医学，医中有道，道中有医，并且很多情况下，它有别于道教，是医学实践，不能与道教活动混为一谈。

毋庸讳言，曾经在历史上有过辉煌时期的道教医学在今天已经没落，然而，这并不意味着道教医学一无是处。道教医学之所以能够形成自身特点并长期在历史上发挥作用，得到一些患者的认可，虽然与宗教信仰体验有一定的关系，更重要的还是道门中人面对被疾病缠身而无助的民众，能够从实际出发，不断探索，认真总结，从而形成了一套能够解病去疴并为民众所接受的基本理论和治疗方法。道教医学蕴藏在民间社会深处的生命力依然还在。

后记

　　余本学者出身。在 20 世纪八九十年代，一直潜心于中国历史和传统文化，从事专业研究工作，或隐身于书阁，或调研于田野，或访学于高校，或报告于讲坛，笔耕不辍，著述不断，其乐融融。

　　2000 年，因工作需要，辞学从政。自此二十余年间，先后服务于文化、教育、统战领域，兴文化、保文物、办大学、管宗教成为工作的主旋律。友人戏言：多了个厅长，少了位教授。余总是报以微笑，答曰：为人民服务，不亦乐乎。政务繁忙，暇时有限，治学已是奢望。然而初心不泯，不忘学者本色。干一行爱一行，还想着专一行，如此一来作报告发指示便多一份底气。

　　对宗教文化的兴趣和研究倒是由来已久。年轻时，就佛、道教史中的有关问题，写过文章、出过书，还多次在韩日及我国港台的国际学术讲台上做专题讲座。近年来,受命主持全省民族宗教事务工作,在全面贯彻国家宗教工作方针、大力推进我国宗教中国化的进程中,把宗教文化研究也作为一项重要工作来抓,编撰出版了《学习与探索——江西坚持我国宗教中国化方向研讨文集》与《江西道教通史》(上、中、下三卷)等,得到上级主管部门和学术界、宗教界认可。

《道教文化》系本人退居二线后的首部书稿,虽是一本薄薄的小册子,却别有一番滋味在心头。2022年4月,一纸任免书,让我从繁忙的工作节奏中一下子闲暇了起来。如今少了一个厅长,能否再还回一位教授已不重要,关键是时间富裕了,又可重操旧业了。

今天是共和国七十三岁华诞,也是本人六十初度。古人云:六十一甲子;又云:六十耳顺。突然,想起了书名,想起了自己在书稿正文中说的话——道教文化是关于生命的文化、智慧的文化，又生发出些许新的感慨："啊，道可道，非常道！"真是人生之道，何时能够参透，又有几人能够真正悟明白。

感谢中文传媒总编辑游道勤先生的信任和鼓励；感谢江西省民宗局林剑卫、徐国政、胡卓、万振华与江西省文化厅杨丁、徐长青诸同事和本书责任编辑张志刚先生对本书写作的支持与帮助；感谢人生道路上所有给予过支持与帮助的人们。

曹国庆

2022 年 10 月

图书在版编目（CIP）数据

道教文化 / 曹国庆著 . -- 南昌：江西人民出版社：
江西美术出版社，2023.3
（江西文化符号丛书）
ISBN 978-7-210-14176-1

Ⅰ.①道… Ⅱ.①曹… Ⅲ.①道教—宗教文化—江西
Ⅳ.①B958

中国国家版本馆 CIP 数据核字（2023）第 032742 号

出 品 人　张德意
项目统筹　梁　菁
责任编辑　张志刚
数字编辑　刘　莉
责任印制　潘　璐
书籍设计　梅家强　胡文欣　先锋設計
新媒体制作　江西中文传媒数字出版有限公司

江西文化符号丛书

JIANGXI WENHUA FUHAO CONGSHU

道 | 教 | 文 | 化

DAOJIAO WENHUA

著　者：曹国庆
出　版：江西人民出版社　江西美术出版社
地　址：南昌市三经路 47 号附 1 号
邮　编：330006
电　话：0791-86898825
网　址：www.jxpph.com
经　销：全国新华书店
印　刷：浙江海虹彩色印务有限公司
版　次：2023 年 3 月第 1 版
印　次：2023 年 3 月第 1 次印刷
开　本：710 mm×1000 mm　1/16
印　张：13
ISBN 978-7-210-14176-1
定　价：65.00 元